Folkmar Schiek

Die Exkommunikation 1862/1863

Apostel

Francis Valentine Woodhouse

1805-1901

Folkmar Schiek

Die Exkommunikation 1862/1863

der Geistlichen

Heinrich Geyer, Friedrich Wilhelm Schwarz, Rudolf Rosochacki, Carl Wilhelm Louis Preuß, Eduard Freischmidt, Ferdinand Freischmidt, Peter Wilhelm Louis Stechmann, Johann Christoph Leonhard Hohl, Detloff und Johann Heinrich Klees

wie sie sich in den katholisch-apostolischen Gemeinden zugetragen hat und ihre Wirkung auf die in der Folge entstandenen sogenannten »Apostolischen Gemeinden«

Re Di Roma-Verlag

Bibliografische Information der Deutschen Nationalbibliothek:

Die Deutsche Nationalbibliothek verzeichnet diese Publikation in der Deutschen Nationalbibliografie; detaillierte bibliografische Daten sind im Internet über http://dnb.ddb.de abrufbar.

Gesamtgestaltung: Folkmar Schiek

www.rediroma-verlag.de

10,95 Euro (D)

ISBN 978-3-86870-347-4

Für Pastor Bruno-Hermann Vahl, Hamburg

Dem 14. Juli 1835 gewidmet,

dem Tag der Aussonderung der Apostel.

»Unter der Decke der Heimlichkeit, der Lüge und List ist dieses neue Apostel- und Prophetentum in die Erscheinung getreten. Was wird sein Ende sein? Der HErr wird sie richten.«

Aus einem Schreiben des Engels Carl Rothe, Berlin 9. Januar 1863

Inhalt

Vorwort

Die vorliegende Arbeit ist wie eine Gebetserhörung.

Aufgewachsen im nordöstlichen Vorpommern, erlebte ich als Heranwachsender die kirchenzerstörerische Tätigkeit der Neuapostolischen Gemeinden in einem pommerschen Fischerdorf; mit Fanatismus versuchten die Sendlinge immer wieder, die Kirchengemeinde Altwarp durch massive Abwerbung zu beeinträchtigen. Der Weg der Neuapostolischen ging von Stettin aus nach dem Ackerbürgerstädtchen Neuwarp, von wo sie 1946 – nach polnischer Besetzung – mit ihren Fischerbooten nach Altwarp flohen und den kirchlichen Frieden der luth. Kirchengemeinde störten. Ich erbat als Sechzehnjähriger, der HErr der Kirche möge aus den Abgefallenen Menschen erwecken, die – wie die Apostel des Endes – ihre eigenen Grenzen nicht als Grenzen der g a n z e n Kirche sahen.

Im späteren Theologiestudium lernte ich dann das »Testimonium« an die Häupter der Konfessionen und Staaten kennen und erkannte, wie groß der Unterschied zwischen dem Werk des HErrn, das diesen Namen verdient, und dem selbstgemachten neuapostolischen Werk tatsächlich war.

Dabei entstand ein unüberwindliches Dilemma: Waren die Zwölf, ausgesondert zwischen 1832 und 1835, wahre Apostel oder nicht? Sechs von ihnen lebten noch 1862/63, als der falsche Prophet Heinrich Geyer, seinen eigenen Gedanken folgend, n e u e Apostel ausrief. Nach gründlicher Prüfung verwarfen die Sechs diese Berufungen; in der vorliegenden Arbeit unseres Bruders Folkmar Schiek lesen Sie die gründlichen Recherchen.

Der Hl. Geist führte sehr früh in den dreißiger Jahren des 19. Jahrhunderts in die Tatsache ein, dass es zwölf Stämme der Kirche JEsu Christi gibt, deren erste Diener von Gott selbst gesetzt worden waren. Wären die Neuapostolischen dieser Wirklichkeit gefolgt, hätte es nie zum »Stammapostel« kommen können, denn j e d e r der Zwölf war A p o s t e l s e i n e s S t a m m e s.

Ein wichtiger Punkt in der Verwerfung neuapostolischer Vorstellungen ist der Neudruck der »Liturgie« 1863 und ihm folgend 1894; da geht es um den Sieben-Gemeinde-Tag, der die gottgegebene Ordnung echter Apostel ausdrücklich verwarf.

Somit steht für alle Zeit fest, dass die Sicht der Einheit der Kirche verlassen wurde, als deren Zeichen der Sieben-Gemeinde-Tag an jedem vierten Dienstag in der Londoner Zentralgemeinde nach Anweisung des Hl. Geistes zu begehen war.

Alles in allem: Die vorliegende Schrift weist nach, dass neuapostolische Positionen nichts mit dem Werk des HErrn zu tun haben.

Ich bete, dass die endlosen Sonderwege der Neuapostolischen nicht zu einer apostolischen »Ordnung« führen, die von einer Isolierung zur anderen führen.

»Wenn einst Dein großer Tag erscheint,

lass unsern Lehrer, unsern Freund,

uns Dir entgegen führen!

Du gibst ihm unter seine Hand

die Seelen als ein teures Pfand,

lass keine ihn verlieren!

HErr, hilf Du; beut die Hände,

dass am Ende Hirt und Herde

treu vor Dir erfunden werde! «

Joh. Daniel Karl Bickel (1737-1809)

B.-H. Vahl, luth. Pastor

Im April 2011

Vorwort

Zwischen den Jahren 1860 und 1863 sind in den katholisch-apostolischen Gemeinden Zustände eingetreten, die schließlich zu Suspendierungen und Exkommunikationen Geistlicher geführt haben. Zentrum der Unruhen war Berlin und Hamburg.

Eine Untersuchung und Darstellung der Ereignisse sowie eine kirchenrechtliche Bewertung dieser Exkommunikationen, in deren Folge eine unübersichtliche Anzahl sogenannter »Apostolischer Gemeinden« entstanden sind und weiterhin entstehen, liegt bis heute nicht vor.

Der überwiegende Teil solcher »Apostolischer Gemeinden« sieht seine Wurzeln in den katholisch-apostolischen Gemeinden oder versteht sich als deren Weiterführung im Sinne der Besetzung und Kontinuität des Apostelamtes.

Eine Bewertung der Exkommunikationen und ihre Folgen und Wirkungen bis heute geschieht in der Überzeugung, dass die 12 Apostel und die katholisch-apostolischen Gemeinden eine direkte Sendung von Gott erfuhren und sie als Modell für die Ämter und Ordnungen der Einen, Heiligen, Katholischen und Apostolischen Kirche, wie die Christenheit im Nicäno-Konstantinopolitanum bekennt, stehen.

Eine ausführliche Geschichtsdarstellung der katholisch-apostolischen Gemeinden kann im Rahmen dieser Untersuchung nicht erfolgen. Hierzu empfehle ich die im Anhang aufgeführte Literatur zur Hand zu nehmen.

Folkmar Schiek

Im April 2011

Einführung

Die Französische Revolution (1789 bis 1799) erfasste ganz Europa. Unter diesen Eindrücken der grundlegenden Umgestaltung der Gesellschaft Europas sahen ernsthafte Christen Zeichen für den Anfang der letzten Gerichte Gottes, das herannahende Ende.

»*Die furchtbaren Ereignisse hatten daher sofort auch geistlich segensreiche Folgen*«, berichtet Apostel Francis Valentine Woodhouse in seiner »Erzählung von Begebenheiten«[1]. Das Forschen in der Heiligen Schrift und die Auseinandersetzung mit den prophetischen Büchern brachte die Erkenntnis der nahen Wiederkunft Christi.

Edward Irving

Edward Irving, Geistlicher der Schottischen Nationalkirche in London, war dieser Bewegung aufgeschlossen und predigte an Weihnachten 1825 erstmals öffentlich die nahe Zukunft des Herrn.

In England entstanden 1826 Gebets- und Bibelkreise und Geistliche und Laien forschten in Zusammenkünften in den prophetischen Schriften. Daraus wuchsen die Albury-Konferenzen, die von 1826 bis 1830 jährlich und in der ersten Adventwoche in Albury Park, dem Landsitz des Bankiers Henry Drummond, stattfanden.

Albury

Was in Irvings Gemeinde begann aufzubrechen, breitete sich nach und nach weiter aus und Zungenrede und Weissagung wurden 1828 in der römisch-katholischen Gemeinde in Karlshuld und 1830 auch in Schottland offenbar.

»*Zum höchsten aber stieg die Aufregung, als Reden in Zungen und Weissagungen in seiner Gemeinde hervortraten.*«[2] Dies geschah erstmals am 16. Oktober 1831 in Irving's Gemeinde. Er anerkannte die Äußerungen des Geistes und ließ sie zu. Aufgrund dieser

---

[1] Woodhouse, Francis Valentine: Eine Erzählung von Begebenheiten welche die gegenwärtige Lage und die Aussichten der gesamten Kirche Christi betreffen, durchgesehene Ausgabe nach der Übersetzung des sel. Dr. Roßteuscher vom Jahre 1886, als Manuskript gedruckt, In Kommission bei I. Hoffmann, Berlin 1901.

[2] Woodhouse, Francis Valentine: Eine Erzählung von Begebenheiten - Seite 3.

Vorkommnisse wurde er aus der eigens für ihn errichteten Kirche mit denen, die seinem Glauben folgten, im Mai 1832 vertrieben. Das Zeugnis Gottes blieb »*nicht auf jene Formen der Äußerung beschränkt. Es gab auch viele wunderbare Gebetserhörungen, augenblickliche und sinnfällige Heilungen sowohl von lange dauernden Krankheiten und unheilbarem Siechtum (...).*«[3]

Im Oktober 1832, »*nach einer kurzen Behelfszeit im Freien und dann in einem Basargebäude*«[4], konnten die Gottesdienste in einem Kirchensaal in der Newman-Street 14 weitergeführt werden und 800 Personen empfingen das Heilige Abendmahl.

Apostel John Bate Cardale

Nach und nach wurden Männer durch den Heiligen Geist in Weissagungen in verschiedene Ämter der Kirche berufen und 12 Personen zwischen Ende 1832 und Juli 1835 als Apostel bezeichnet. Die weiteren Ämter nach Epheser 4, 11 Propheten, Evangelisten und Hirten, traten in Erscheinung.

»*Nicht lange vor dem Aufbau der Gemeinde in London war der erstberufene Apostel vom Geiste getrieben worden, einen Brief zu diktieren, in welchem die ganze Verfassung einer Einzelkirche mit ihren verschiedenen Ämtern auseinandergesetzt ward.*«[5] Der goldene Leuchter in der Stiftshütte (2. Mose 25, 31f.) in seiner ganzen Beschaffenheit diente ihm hierfür als Vorbild. Überhaupt entfalteten sich die Ordnungen und Ämter der Kirche durch den Heiligen Geist in der Betrachtung der Mosaischen Stiftshütte.

Der am 4. April 1833 zum Engel der Gemeinde Newman Street in London berufene Edward Irving wurde durch den Apostel John Bate Cardale am 5. April zu diesem Amt geweiht. Die erste der Sieben Gemeinden zu London war somit errichtet. Weitere Gemeinden entstanden in England und Schottland.

---

[3] Ebenda Seite 11.

[4] Born, Karl: Das Werk des Herrn unter Aposteln, wie es sich im 19./20. Jahrhundert in den katholisch-apostolischen Gemeinden vollzogen hat. Seine Entstehung, sein Fortgang und sein Abschluß, Darstellung in Form einer Zeittafel, Bremen 1974, Selbstverlag des Verfassers, Eintrag unter dem Datum 2.5.1832.

[5] Woodhouse, Francis Valentine: Eine Erzählung von Begebenheiten - Seite 21.

In einem im Mai 1835 abgehaltenen Konzil »*sprach der Heilige Geist durch ein Wort der Weissagung, daß der vierzehnte Tag des siebenten Monats von Gott dazu bestimmt sei, die Zwölfe für ihr Werk auszusondern. Man erinnerte sich jetzt der prophetischen Worte, 1260 Tage zu zählen, die Robert Baxter in Irving's Gemeinde am 14.1.1832 ausgesprochen hatte. Somit wurde der 14. Juli 1835 der Tag der Aussonderung der Apostel. (Apg. 13,2)*«[6]

Kirche in Paddington

Im Juni 1835 wurden die beiden Kirchen in Paddington und Westminster errichtet und somit waren die Sieben Gemeinden in London vollständig. Sie entsprachen den Sieben Gemeinden in Kleinasien und wurden namentlich zu ihnen in Beziehung gesetzt.

Am 14. Juli 1835 fand in einem feierlichen Gottesdienst in der Zentralgemeinde London die »*Aussonderung der Apostel von jeder Lokalkirche zu ihrem Werk in der Allgemeinen Kirche*«[7] statt.

Zentralgemeinde am Gordon Square

Die 12 Apostel traten vor »*die Engel der Sieben Gemeinden in London. In denselben erschien wie in einem Modell die amtliche Repräsentation der Gesamtkirche Christi, deren Vollständigkeit, ebenso wie die Fülle des Geistes, durch die Siebenzahl bedeutet wird. Den sieben Engeln ward geboten, zusammen ihre Hände auf die Apostel zu legen, je nach der Reihe ihrer Berufung zu dem Amte. Die übrigen Engel, die Häupter und Vertreter je ihrer Herden, sollten aufstehen als Zeugen und zum Zeichen ihrer Zustimmung und Betheiligung an dem heiligen Akte*«[8].

Die Apostel blieben für ein Jahr in Albury zusammen und forschten gemeinsam mit den Sieben Propheten in der Heiligen Schrift und

---

[6] Born, Karl: Das Werk des Herrn unter Aposteln - Eintrag unter dem Datum 23.5.1835.
[7] Ebenda Eintrag unter dem Datum 14.7.1835.
[8] Woodhouse, Francis Valentine: Eine Erzählung von Begebenheiten - Seite 47.

erhielten durch den Heiligen Geist Anweisung zu *»dem Zeugnis, dem Zeugnis wider Babylon«*[9]. Sie fertigten eine Zeugnisschrift an die Erzbischöfe, Bischöfe und Geistlichen der Englischen Kirche, welche im Januar 1836 den Adressaten durch die Apostel Drummond und Woodhouse überreicht wurde. Später erging die Anweisung, an die geistlichen und weltlichen Häupter der Christenheit ein Zeugnis zu errichten, *»ähnlichen Inhaltes, nur von umfassenderen Gesichtspunkten, als das bereits an die Bischöfe der englischen Kirche gerichtete«*[10].

Diese Zeugnisschrift ist unter dem Begriff »Testimonium« bekannt geworden.

Ab 1837 besuchten die Apostel die ihnen zugewiesenen Gebiete in ganz Europa und Übersee.

Das Apostolische Amt war wiederhergestellt und nach und nach entwickelte sich das Vierfache Amt der Kirche aus Aposteln, Propheten, Evangelisten und Hirten und Gemeinden entstanden unter Engeln, Priestern und Diakonen, *»alles entsprechend dem Gesetze Mosis, das den Schatten der zukünftigen Güter, nämlich der Ordnung und Zucht der Kirche Christi in den jetzigen Haushaltungen, hatte (...)«*[11].

PATRIARCHS, ARCHBISHOPS, BISHOPS,

EMPERORS, KINGS, SOVEREIGN PRINCES,

In the Name of the Father, and of the Son, and of the Holy Ghost, One God. Amen. The Church of Christ is the company of all who are baptized in the name of the Father, and of the Son, and of the Holy Ghost, without distinction of age or country, and separated by their baptism from all other men. One body;[1] the pillar and ground of the truth;[2] the dwelling-place of God; the Temple of the Holy Ghost;[3] the declarer unto all men of God's will;[4] the teacher unto all men of God's ways; the depository of God's word and ordinances;—wherein is offered up all the true wor-

[1] Ephes. iv. 4. [2] 1 Tim. iii. 15.
[3] 2 Cor. vi. 16. Ephes. iii. 10.

Testimonium

[9] Ebenda Seite 53.
[10] Ebenda Seite 58.
[11] Ebenda Seite 114.

Die Exkommunikation 1862/1863

Vorgeschichte

Apostel
Thomas Carlyle

Nachdem zwei Apostel aus dem Kollegium, Apostel Duncan MacKenzie am 26. Januar 1855 und Apostel Thomas Carlyle am 28. Januar 1855, entschliefen, *»fingen einige von den Engeln an, die Frage zu erörtern: ob nicht die Apostel Schritte thun würden, um eine Wiederbesetzung seiner Stelle*[12] *herbeizuführen?«*[13].

Am 21. Juni 1855 berieten die verbleibenden Apostel über die Sache und kamen zum Ergebnis, *»daß für einen solchen Schritt keine Ermächtigung in der Hl. Schrift gegeben ist (...) daß sie also die Sache dem HErrn ganz anheimstellen und sich damit begnügen müssen, mit desto größerem Fleiß zu arbeiten, damit sie vor Ihm am Tage Seiner Erscheinung als treue Knechte anerkannt werden mögen«.*[14]

Apostel
William Dow

In der Folge entwickelte der Prophet der Berliner Gemeinde Heinrich Geyer eigene Gedanken und entfernte sich in verschiedenen Lehrpunkten von der Lehre der Apostel, zunächst unbemerkt. Er war der Meinung, dass die frei gewordenen Apostelstellen wieder neu zu besetzen seien. Hiervon wurde in einer Weissagung im Jahre 1859 in Albury durch den Engel-Propheten Prentice mit den Worten gewarnt: *»wachet eifrig über die Worte, die in Deutschland in Kraft gesprochen werden, denn Satan sucht durch jene Thür einen Eingang; siehe der HErr hat euch gewarnt«*[15]. Im Rückblick auf die kurz später stattfindenden Ereignisse um Geyer scheint in dieser Weissagung vor ihm gewarnt worden zu sein.

Als im Mai/Juni 1860 in Albury eine Prophetenversammlung einberufen wurde, waren nur noch 6 Apostel zugegen. Nachdem die Apostel

---

[12] Die frei gewordene Stelle des Apostels Carlyle.
[13] F. V. Woodhouse's „Belehrung des Apostels über die Frage nach der Möglichkeit einer Berufung neuer Apostel" vom 19.2.1863 (1. Teil) in: Schröter, J. A.: Die Katholisch-apostolischen Gemeinden - Seite 311.
[14] Ebenda.
[15] Zirkular zum offiziellen Verfahren gegen H. Geyer vom 28.1.1863 (Auszüge), in: Schröter, J. A.: Die Katholisch-apostolischen Gemeinden - Seite 304.

MacKenzie, Carlyle und Dow 1855 entschlafen waren, folgten ihnen am 16. September 1859 Apostel Perceval und am 20. Februar 1860 Apostel Drummond. Apostel Tudor nahm aus nicht bekannten Gründen an dieser Versammlung nicht teil.

Apostel Spencer Perceval

In dieser Prophetenversammlung sprach der Prophet Geyer am 30. Mai 1860 nach Verlesung von Offenbarung 2, 1-5[16] Worte der Weissagung zur Besetzung von zwei frei gewordenen Apostelstellen: »*Sehne dich nach den Aposteln, welche deine Stühle verlassen haben! Der Herr gibt dir zwei Apostel auf die leeren Stühle zum Unterpfand, daß er auch die übrigen wieder besetzen wird, damit eure Schultern nicht zerbrechen: Charles Boehm und William Caird, welche als treue Mitarbeiter erfunden sind, als Apostel.*«[17] Aufgrund dieses Vorkommnisses wurde die Versammlung aufgelöst und die Apostel berieten darüber. Am folgenden Tage erklärten die Apostel, dass sie die Apostelrufungen nicht anerkennen.

Koadjutor Charles Böhm

Der Koadjutor Böhm, der von Geyer als Apostel bezeichnet wurde, sprach in einem Rundschreiben vom 12. Januar 1863 davon, dass Geyer »*schon seit Jahren (...) heimlich gegen die Apostel des Herrn conspirirt*«[18] habe. Seinen Aussagen zufolge scheint Geyer einzelne Personen zu beeinflussen

---

[16] Offenbarung 2, 1-5: Dem Engel der Gemeinde in Ephesus schreibe: Das sagt, der da hält die sieben Sterne in seiner Rechten, der da wandelt mitten unter den sieben goldenen Leuchtern: Ich kenne deine Werke und deine Mühsal und deine Geduld und weiß, dass du die Bösen nicht ertragen kannst; und du hast die geprüft, die sagen, sie seien Apostel und sind's nicht, und hast sie als Lügner befunden und hast Geduld und hast um meines Namens willen die Last getragen und bist nicht müde geworden. Aber ich habe gegen dich, dass du die erste Liebe verlässt. So denke nun daran, wovon du abgefallen bist, und tue Buße und tue die ersten Werke! Wenn aber nicht, werde ich über dich kommen und deinen Leuchter wegstoßen von seiner Stätte – wenn du nicht Buße tust.

[17] Born, Karl: Das Werk des Herrn unter Aposteln, Eintrag unter dem Datum 30.5.1860.

[18] Rundschreiben Ch. J. T. Böhm vom 12.1.1863 in: Schröter, J. A.: Die Katholisch-apostolischen Gemeinden - Seite 297.

versucht haben und Versammlungen einberufen haben, in denen er große Dinge ankündigte, die Gott in Zukunft tun wolle und kündigte zukünftige Apostelrufungen an.

Koadjutor William Renny Caird

Geyer gab diese Idee der Wiederbesetzung der frei gewordenen Apostelstellen gegen die Lehre der Apostel also auch in der Folgezeit nach den gescheiterten Apostelrufungen am 30. Mai 1860 nicht auf. Seine Ansichten über die Rufung weiterer Apostel und deren Stellung waren jedoch Veränderungen ausgesetzt. Zunächst äußerte er sich 1861 gegenüber Apostel Woodhouse in dem Sinne, »*daß die Apostel von Zeit zu Zeit, wie sie durch den Tod hinweggenommen würden, durch andere ersetzt werden sollten. Später nahm er eine andere Stellung ein und sprach von einem anderen Apostolate, das nach der Wegnahme der gegenwärtigen Apostel erweckt werden sollte*«[19].

In Hamburg positionierte sich Geyer dann endgültig und sprach in einem Wort der Weissagung, dass der neue Apostel der erste einer neuen Reihe von zwölf Aposteln sei, und diese seien dargestellt durch die 12 Perlentore des neuen Jerusalems. Weiterhin entwickelte er eine von der Lehre der Apostel abweichende Auffassung bezüglich der Ereignisse im Zusammenhang mit der Wiederkunft Christi.

Im September/Oktober 1862 besuchte Geyer mit Apostel Woodhouse, Koadjutor Böhm und dem Hirten mit dem Apostel Thiersch anlässlich einer Visitationsreise Ostpreußen und Pommern. Er nahm alle Funktionen eines Propheten mit dem Apostel wahr. Im Zusammenhang mit der Einführung des Engels Eduard Schwarz[20] in die Königsberger Gemeinde wohnte Geyer beim Ältesten der Gemeinde Rudolf Rosochacki. Die anderen Diener der Allgemeinen Kirche fanden bei Eduard Schwarz Unterkunft. Am 10. Oktober 1862 abends, am Tag vor der Abreise nach Danzig und Pommern, berief Geyer Rosochacki »*in dessen Wohnung nach einem gemeinsamen Nachtgebet (ohne sonstige Anwesende, also unter vier Augen) zum*

[19] F. V. Woodhouse's „Belehrung des Apostels über die Frage nach der Möglichkeit einer Berufung neuer Apostel" vom 19.2.1863 (1. Teil) in: Schröter, J. A.: Die Katholisch-apostolischen Gemeinden - Seite 310f.

[20] Bruder von Friedrich Wilhelm Schwarz, der mit Geyer suspendiert und exkommuniziert wurde.

Apostel als ersten einer neuen Reihe und mit dem Zusatz, seine Bestätigung vor großer Versammlung abzuwarten«[21].

Am nächsten Morgen unterrichtete Geyer den Apostel nicht von der Apostelrufung des Vorabends. Sie reisten weiter und hielten sich auch in Bublitz (Hinterpommern) auf, wo Geyer die Diakone Eduard und Ferdinand Freischmidt auf die Berufung neuer Apostel vorbereitete, was in der Folge dazu führte, dass auch diese beiden Diakone von der späteren Exkommunikation betroffen sein sollten.

Am Sonntag vor Advent, dem 23. November 1862, sprach Geyer in der Berliner Gemeinde Worte der Weissagung, in denen er »*die Erkenntnis ausspricht, daß der Antichrist noch vor der Entrückung der Erstlinge (Offb. 7, 1-8) vor der Gemeinde offenbar werde*«[22] und widerspricht damit der Lehre der Apostel, die die Entrückung der Erstlingsschar vor dem Erscheinen des Antichristen erwartet. Engel Rothe berichtet später: »*Da endlich gab eine Weissagung Gelegenheit, dass ich mit ihm sprechen musste. Sie geschah am Sonntag vor Advent im Morgendienst zu der Lekt. Spr. Sal. 26,27. Die Weissagung lautete dahin, dass wir den Boshaftigen, den Widerchrist würden erscheinen sehen. Wir sollten nicht erschrecken, er würde in der Gemeinde erkannt werden. Aber wir würden ihn sehen. Ich konnte nicht umhin, ihm zu bemerken, dass diese Weissagung der überlieferten apost. Lehre widerstreite.*«[23]

Rothe beanstandete diese Weissagung und erkannte in einigen Gesprächen mit Geyer dessen wahren Geisteszustand und musste wahrnehmen, »*wie weit seine Abweichung von der Apost. Lehre und seine Verwerfung der apost. Autorität in Bezug auf die Auslegung der Schrift bei ihm ginge*«[24]. Rothe legte Geyer einige formulierte Fragen vor, die die Zukunft der Kirche betrafen und bat um schriftliche Beantwortung. Die Antworten Geyers wichen teilweise völlig von der Lehre der Apostel ab. In einer Zusammenkunft aller Priester und Geyer mit dem Engel Rothe in der Sakristei der Berliner Gemeinde versuchten sie Geyer zur Einsicht über seine irrigen Standpunkte zu bewegen, jedoch ohne Erfolg. Eine von Geyer dem Engel Rothe vorgelegte

---

[21] Born, Karl: Das Werk des Herrn unter Aposteln, Eintrag unter dem Datum 10.10.1862.
[22] Ebenda Datum 23.11.1862
[23] Brief von C. Rothe „An meine zerstreuten Gemeindeglieder" vom 6./9.1.1863 in: Schröter, J. A.: Die Katholisch-apostolischen Gemeinden - Seite 293.
[24] Ebenda Seite 294.

Schrift zur Weitergabe an die Apostel war nicht wie gehofft ein Widerruf seiner Meinungen, sondern »*eine ausführliche Widerlegung der Lehre der Apostel in Bezug auf die Entrückung und die ganze Zukunft der Kirche, indem er teils die Schriftstellen anders erklärte, teils die Apostel mit ihren eigenen Worten aus dem Testimonium zu schlagen suchte, wonach sie selbst früher behauptet haben sollten, dass die Entwicklung der ganzen Kirche zuteil werden würde und dass Apostel eine Ordnung der Kirche wären, die nie wieder aufhören sollte (...)*«[25].

[25] Ebenda.

Die Exkommunikation

Aufgrund dieser Ereignisse und seines Widerspruchs gegen Apostolische Lehre suspendierte Engel Rothe den Propheten Geyer am 17. Dezember 1862 und kündigte an, am darauffolgenden Sonntag, 21. Dezember 1862, dem 4. Advent, der Gemeinde darüber Mitteilung zu machen. Den Wunsch Geyers, an der Heiligen Kommunion teilnehmen zu dürfen, lehnte Rothe ab. Gleichzeitig informierte er Apostel Woodhouse über den Hirten mit dem Apostel Thiersch über die Ereignisse und übergab die Schriftstücke.

Apostel Francis V. Woodhouse

Am 30./31. Dezember 1862 ging der Brief des Apostels Woodhouse ein, in dem er die Suspendierung bestätigte: »*Ich sehe nicht, wie Sie anders hätten verfahren können, als Sie getan haben. Wenn irgendein Diener Gottes, sei er Engel oder Priester oder Diakon, sei er Prophet, Evangelist oder Hirte, sich daran setzt, die Lehre der Apostel anzunehmen nur insoweit sie nach seiner gewissen Überzeugung mit der Schrift übereinstimmt, wenn jemand noch weiter geht und in einer Schrift die Lehre, die er von den Aposteln vernommen hat, absichtlich widerlegt und seinen Entschluss äußert, kein Jota von dem, was er geschrieben hat, zurückzunehmen, dann bleibt nichts übrig, als ihn zu suspendieren.*«[26]

Engel Rothe setzte am 2. Januar 1863 Geyer davon in Kenntnis, dass seine Suspendierung durch den Apostel bestätigt wurde und er offiziell in seinem Amt »*stillgestellt oder suspendiert*« und auch »*von der heiligen Communion ausgeschlossen*« sei.

Am 1. Januar 1863 erhielten die Herren Rosochacki und Geyer per Telegramm eine Einladung »*von dem Ältesten Friedrich Schwarz und dem Priester Preuß und einigen Diaconen*«[27] nach Hamburg, wo sie am 3. Januar 1863 eintrafen.

---

[26] Ebenda Seite 296.

[27] F. V. Woodhouse's „Sendschreiben an die Treugebliebenen in Hamburg" vom 5.2.1863 in: Schröter, J. A.: Die Katholisch-apostolischen Gemeinden - Seite 306.

Bereits im Vorfeld erbat Rosochacki von Koadjutor Böhm ein Testimonium und von Dr. Roßteuscher Gewänder und bereitete sich so heimlich auf sein Auftreten als Apostel vor.

Am Sonntag, den 4. Januar 1863 wurde der heimlich in Privaträumen am 10. Oktober 1862 durch Geyer berufene Apostel Rosochacki aus Königsberg der Hamburger Gemeinde durch Geyer und Schwarz als Apostel vorgestellt: »*Am Sonntag den 4. Januar war der öffentliche Gottesdienst in der Kapelle I. Marienstraße 4 (5-Verf.) und Bruder Rosochazki und ich saßen im Chor im Ornat, ersterer als Apostel, ich als Prophet.*«[28]

Nur wenige Gemeindeglieder und Geistliche lehnten Rosochacki ab.

Nachdem Rosochacki Geyer »*in Vollmacht seines Apostelamtes als völlig frei von der ungerechten Excommunication der bisherigen Apostel*«[29] erklärte setzte er ihn wieder in sein früheres Amt ein.

Schwarz wurde sogleich »*von diesem zum selbstständigen Engel in Hamburg gemacht*«[30] und die Autorität des Engels Rothe über Hamburg aufgehoben. Priester Preuß und die Diakonen waren bereits seit den Weihnachtsfeiertagen auf die kommenden Ereignisse vorbereitet. Lediglich Diakon Neumann und die beiden Unterdiakone Lhotzky und Köster waren damit nicht einverstanden und informierten noch am selben Tage Engel Rothe und baten um sein Erscheinen in Hamburg. Das Schreiben erreichte Rothe am 6. Januar 1863. Zeitgleich wurde von Diakon Neumann der Hirte mit dem Apostel Thiersch über die Ereignisse informiert, welcher noch am 6. Januar 1863 an den Koadjutor Böhm nach Berlin telegraphierte und mitteilte, dass Geyer in der Hamburger Gemeinde großes Unheil anrichte.

Ältester Friedrich W. Schwarz

»*Die ganze Handlung geschah hinter dem Rücken des Apostels Woodhouse und aller seiner Mitarbeiter und auch des*

[28] Schröter, J. A.: Die Katholisch-apostolischen Gemeinden - Seite 218.

[29] Ebenda.

[30] Brief von C. Rothe „An meine zerstreuten Gemeindeglieder" vom 6./9.1.1863 in: Schröter, J. A.: Die Katholisch-apostolischen Gemeinden - Seite 296.

aufsichtsführenden Engels C. Rothe in Berlin, die alle bis jetzt von der „Berufung" Rosochacky's noch nichts wußten.«[31]

Rothe reiste noch am Abend des 6. Januar 1863 nach Hamburg und berichtete: *»Das Unerhörte ist geschehen. Ein von seinem Engel suspendierter Prophet setzt sich mit einem Ältesten, dem von demselben Engel die Leitung einer Herde anvertraut ist, in Verbindung mit einem Priester in Königsberg, den er schon für künftige Fälle bei seiner letzten Anwesenheit an jenem Orte hinter dem Rücken des dortigen Engels als Apostel berufen hat, natürlich nicht in der Kirche sondern in einem Privatzimmer. Die Gem. in Hamburg wird für die Aufnahme dieses Apostels und Propheten bearbeitet. Sie erscheinen dort im Gottesdienst vor der Gem. und es findet noch einmal eine öffentliche Bestätigung jener himmlischen Berufung durch denselben Propheten Geyer statt. Dieser wird dafür von dem neuen Apostel zu seinem apostolischen Propheten und der Älteste Schwarz zum selbständigen Engel in Hamburg ernannt. Der Gemeinde wird verheissen, dass (sie-Verf.) der Ausgangs- und Mittelpunkt eines neuen grossen Fortschritts im Werke des HErrn sein werde, dass eine neue Reihe von Aposteln anhebe, dessen (deren?-Verf.) Zwölfzahl bald werde erfüllt sein, dass auch alle die leeren Stellen, welche durch den Tod so vieler Diener des HErrn entstanden wären und welche die bisherigen Apostel aus Mangel an Licht über den Plan des HErrn nicht hätten ausfüllen wollen, bald würden besetzt sein und dass ein grosses Werk im Beginnen sei.«*[32]

Die teilweise vor vollendete Tatsachen gestellte Gemeinde anerkannte die neue Führung und war *»seitdem wie in einem Rausche, ja wie unter einem Bann des Teufels«*[33]. Rothe erklärte am 7. Januar 1863 in der Sakristei der Gemeinde Hamburg *»alle Gottesdienste für nichtig und den Gebrauch der Liturgie in ihren Händen für eine Lüge«*[34]. Er sprach die Suspendierung über die Priester, Diakone und Gemeindemitglieder, die mit ihnen gemeinsame Sache machten, aus und verbot die kirchlichen Gottesdienste und die Spendung der Heiligen Kommunion.

---

[31] Born, Karl: Das Werk des Herrn unter Aposteln, Eintrag unter dem Datum 4.1.1863.

[32] Brief von C. Rothe „An meine zerstreuten Gemeindeglieder" vom 6./9.1.1863 in: Schröter, J. A.: Die Katholisch-apostolischen Gemeinden - Seite 296.

[33] Ebenda Seite 297.

[34] Ebenda.

In der Folgezeit besuchte Evangelist Rührmund die einzelnen Familien, die Rosochacki, Geyer und Schwarz nicht folgten.

In einem Schreiben vom 6. Januar 1863 gab Rosochacki Engel Rothe in Berlin bekannt, dass er als Apostel die Hamburger Gemeinde übernommen und die Leitung sofort an Schwarz übertragen habe. In ähnlicher Weise wurde Apostel Woodhouse von Schwarz informiert und Geyer schrieb an Apostel Woodhouse und Rothe »*daß er einer anderen Ordnung der Dinge angehöre u. unter einem andern Apostelamt arbeite*«[35].

Nach Rosochacki's Rückkehr nach Königsberg erhielt er einen Brief von dem Hirte mit dem Apostel Thiersch, vermutlich am 7. Januar 1863, in dem ihm die Suspension vom Priester-Amt ausgesprochen wurde.

Weder der Engel Rothe noch der Evangelist Rührmund konnten in der Folge die Hamburger Gemeinde zu einem Sinneswandel bewegen.

In einem Brief an die Hamburger Gemeinde vom 11. Januar 1863 informierte Rothe die Gemeinde darüber, dass er »*den Ältesten Schwarz (...) suspendiere (...) und ebenso alle Priester und Diakone, die in dem Namen und der Anerkennung jenes falschen Apostels irgendwelche Dienste und Amtshandlungen verrichtet haben*«[36]. Er erklärte, »*dass alle jene von einem falschen Apostel vorgenommenen Handlungen völlig nichtig und ungültig sind*«[37]. Er warnte die Gemeinde vor der Teilnahme an deren Gottesdiensten und empfahl ihnen die Gottesdienste in der Kirche der Stadt zu besuchen und keinesfalls die Heilige Kommunion durch diese Personen entgegenzunehmen.

Am 12. Januar 1863 informierte der Koadjutor Böhm in einem Rundschreiben seine Nord-Deutschen Amtsbrüder über die Vorkommnisse in Hamburg.

Rosochacki schwieg bis zum 17. Januar 1863 und schrieb dann an Schwarz, nachdem er bereits an Geyer geschrieben hatte. Rothe erhielt Abschriften der Briefe. Rosochacki erklärte seine Apostelrufung

---

[35] Schröter, J. A.: Die Katholisch-apostolischen Gemeinden - Seite 219.

[36] Brief des Bischofs Carl Rothe an die Gemeinde zu Hamburg vom 11. Januar 1863 in: Weinmann, Karl (Hrsg. Verwaltung der Neuapostolischen Kirche in Hamburg): 100 Jahre Neuapostolische Kirche 1863-1963 Apostelbezirk Hamburg, Verlag Friedrich Bischoff, Frankfurt am Main 1963, Seite 342f.

[37] Ebenda.

als ungöttlich, denn wäre seine »*Berufung eine göttliche gewesen, so hätte kein Widerspruch mit den übrigen Aposteln entstehen können, denn ein Apostel Jesu Christi kann nicht den andern Apostel des Herrn hinauswerfen und absetzen helfen. Geyer war exkommuniziert, nicht nur aus der Gemeinde zu Berlin, sondern auch aus der Kirche Christi, und als solchem war ihm alle Befugnis und ale Befähigung genommen, eine Aussonderung sowohl als auch die Berufung einer Gemeinde auszusprechen. Der Heilige Geist hat ihn in seinem Zustand nicht geleitet*«[38]. Er forderte Schwarz auf, alle Gottesdienste einzustellen und den Inhalt seines Briefes der Gemeinde vorzulesen, damit sie über seine Entscheidung der Verwerfung seines Apostelamtes Kenntnis erhielten. Rosochacki's Exkommunikation wurde bald darauf wieder aufgehoben und seine Suspendierung vom Amt am 5. April 1863[39] von Apostel Woodhouse rückgängig gemacht.

Nach dem Rückzug von Rosochacki war die abtrünnige Gemeinde Hamburg ohne Apostel. Am Sonntag, den 25. Januar 1863 verständigte sich Schwarz mit seiner Gemeinde darüber, wieder Anschluss an die katholisch-apostolische Gemeinde Berlin zu suchen und reiste mit deren Einverständnis am 26. Januar 1863 nach Berlin. An selbigem Tage führte Rothe unter Beisein von Thiersch mit Schwarz ein Gespräch über eine mögliche Überwindung der Trennung, welche jedoch daran scheiterten, dass Rothe von Schwarz und seiner Gemeinde verlangte zu erklären, »*daß das, was durch Geyer mit Rosochasky geschehen ist, ein Teufelswerk sei (...) Darauf sprach ich: Wir werden die Tat nie als Teufelswerk erklären; denn die Sünde gegen den Heiligen Geist wollen wir nicht begehen, was ihr tut, ist eure Sache*«[40].

Noch am 26. Januar 1863 berieten Apostel Woodhouse und seine apostolischen Mitarbeiter in seiner Berliner Wohnung über den Vorfall in der Hamburger Gemeinde und entschieden, Geyer und Schwarz auf den nächsten Tag in die Sakristei zu einem Gespräch zu bestellen.

---

[38] Brief des zurückgetretenen Apostels R. Rosochacky in Königsberg vom 17. Januar 1863 an den Bischof F. W. Schwarz in Hamburg in: Weinmann, Karl: 100 Jahre Neuapostolische Kirche 1863-1963 - Seite 345ff.

[39] Born, Karl: Das Werk des Herrn unter Aposteln, Eintrag unter dem Datum 17.1.1863.

[40] Salus: Alte und neue Wege oder Streifzüge durch die geistig kirchlichen Fürstentümer und Gewalten der Vergangenheit und Gegenwart, Zweite Auflage, Leipzig, Neuapostolischer Verlag, 1913, Seite 272.

Die Vorladung für den 27. Januar 1863 nachmittags 15.30 Uhr erfolgte per Brief durch den apostolischen Hirten Thiersch. Beide sollten sich gegen die erhobenen Klagen verantworten. Die Klagen gegen Geyer lauteten: »*Nachdem Sie durch den Engel der Gemeinde zu Berlin im Amte stillgelegt oder suspendirt, auch von der Heiligen Communion ausgeschlossen waren wegen Widerstrebens gegen seine Autorität und wegen Weigerung, aus seinem Munde die Lehre der Apostel anzunehmen: so haben Sie sich nach Hamburg begeben, sind daselbst in der Kirche mit ihren kirchlichen Gewändern erschienen und haben unter Mitwirkung des Hn. Friedrich Schwarz, eines ordinirten Engels, der zu der Zeit unter dem Engel der Gemeinde zu Berlin als Priester über die Gemeinde in Hamburg Aufsicht führte, gewisse amtliche Handlungen vollbracht und angebliche Worte der Weissagung ausgesprochen, auch sonst sich herausgenommen, als Priester in derselben Gemeinde zu wirken, dies alles zum Trotz der von dem Engel über Sie ausgesprochenen Suspension, mit Uebertretung Ihrer Gelübde kirchlichen Gehorsams und mit Verachtung der Autorität, welche dem genannten Engel durch die Apostel über Sie übertragen ist.*«[41]

Am 27. Januar 1863 morgens um 10 Uhr fand eine Konferenz statt, in der das mögliche Urteil über Geyer und Schwarz festgestellt wurde. Um 15.30 Uhr des Tages erschienen beide vor Apostel Woodhouse, um sich zu erklären. Geyer gab zu, dass diese Klagen richtig seien und »*daß er dieses Geständniß mit tiefem Schmerze ablegen müßte*«[42]. Er gab des weiteren Tage vorher vor dem Engel Rothe zu, dass er die Suspension »*dreimal verdient hätte*«[43].

Diese Reuebekundung scheint jedoch wenig aufrichtig gewesen zu sein, erklärte Geyer doch wenig später in seiner Zeitschrift »Die Morgenröthe«, »*daß seine Suspension und Excommunication nur wegen Lehr-Unterschiede geschehen und eine That der größten Ungerechtigkeit sei*«[44].

---

[41] Zirkular zum offiziellen Verfahren gegen H. Geyer vom 28.1.1863 (Auszüge) in: Schröter, J. A.: Die Katholisch-apostolischen Gemeinden - Seite 302 und Pastorale Mitteilungen 1863 „Herr Geyer und die letzten Nummern seiner Morgenröthe", Seiten 32-37.

[42] Pastorale Mitteilungen 1863 „Herr Geyer und die letzten Nummern seiner Morgenröthe", Seiten 33.

[43] Ebenda.

[44] Ebenda.

Das Gespräch um 15.30 Uhr führte jedoch zu keinem positiven Ergebnis, sodass Apostel Woodhouse abends 8 Uhr Heinrich Geyer und Friedrich Wilhelm Schwarz in einer Ratsversammlung der Amtsträger der Kirche zu Berlin das Urteil der Suspension vom Amte und dem Ausschluss von der Heiligen Kommunion vorlas.

Das Urteil über Geyer lautete: »*Im Namen des HErrn Jesu Christi, des Hauptes der Kirche und kraft der Autorität, die mir in dem Stamme in Norddeutschland von den Aposteln übertragen ist, erkläre ich Dich für suspendirt von der Ausübung des Amtes, sei es als Engel oder als Priester und von aller Ausübung der Gabe der Weissagung, welche Du verkehrt und mißbraucht hast; ferner erkläre ich Dich ausgeschlossen von der heiligen Communion als moralisch und geistlich unrein; endlich erkläre ich Alles, was Du seit Deiner Suspension durch den Engel und in unrechtmäßiger Ausübung Deines Amtes und Deiner Gabe geredet und gethan hast, für ungültig und nichtig.*«[45]

Über das Urteil gegen Schwarz ist im Schreiben des Apostels Woodhouse an die Gemeinde zu Hamburg vom 6. Februar 1863 folgendes zu lesen: »Die Suspension des Priesters Fr. Schwarz und seine Ausschließung von dem heiligen Abendmahl habe ich am 27. Januar ihm mündlich bestätigt, als er bei mir in Berlin war. Ich habe ihn ermahnt, von Gott die Gnade der Buße zu suchen wegen seiner großen Sünde, wodurch er Verwirrung in der Kirche Gottes angerichtet und dem großen Widersacher, dem Teufel, gestattet hat, die Gemeinde zu verführen, die er vor des Feindes Gewalt hätte schützen sollen. Und am Schlusse meiner Ermahnung habe ich ihm gesagt, ich würde beständig vor dem Thron der Gnade für ihn beten, damit es Gott gefalle, ihn aus den Stricken des Teufels zu befreien und zur Gemeinschaft seiner heiligen Kirche wiederherzustellen.«[46]

In dem Schreiben beklagte Apostel Woodhouse weiter, dass Schwarz jedoch nach seiner Rückkehr am 28. Januar 1863 nach Hamburg weitermachte wie vorher, obwohl seine Verbindung zu dieser Gemeinde als aufgelöst erklärt wurde.

Ein ähnliches Urteil ereilte Priester Preuß und die Diakone Stechmann, Detloff, Klees und Hohl: »(...) und mit dem Priester Preuß

---

[45] Zirkular zum offiziellen Verfahren gegen H. Geyer vom 28.1.1863 (Auszüge) in: Schröter, J. A.: Die Katholisch-apostolischen Gemeinden - Seite 303.

[46] Schreiben des Apostels Woodhouse an die Gemeinde zu Hamburg vom 6. Februar 1863 in: Weinmann, Karl: 100 Jahre Neuapostolische Kirche 1863-1963 - Seite 349.

eingeschlagen; beider Verbindung mit der Gemeinde in Hamburg ist für gänzlich abgebrochen erklärt worden. Auch jene Diaconen, die sich auf die Seite der Empörer gestellt und ihren Engel verworfen haben, sind von ihrem Amte und von der h. Communion suspendirt worden.«[47] *Sie wurden also ebenfalls suspendiert und exkommuniziert, wie es Thiersch nochmals in einem Rundschreiben am 10. Februar 1863 mitteilte und die Gemeinde Hamburg wurde von Apostel Woodhouse aufgelöst.*

Priester Eduard Freischmidt und Diakon Ferdinand Freischmidt aus der Gemeinde Bütow (Hinterpommern) waren in die Ereignisse um Geyer, Rosochacki und Schwarz eingeweiht und wollten »*die Gemeinde in Bütow auf denselben Irrweg wie die Gemeinde in Hamburg bringen*«[48]. Sie wurden vom Engel der Gemeinde in Bublitz Carl Döhring suspendiert und von der heiligen Kommunion ausgeschlossen. Der Apostel hat dieses Urteil bestätigt. Die Gemeinde wurde dem Priester Schulz, der bis dahin in Neustettin diente, anvertraut.

---

[47] F. V. Woodhouse's „Sendschreiben an die Treugebliebenen in Hamburg" vom 5.2.1863 in: Schröter, J. A.: Die Katholisch-apostolischen Gemeinden - Seite 307.

[48] Rundschreiben von H. W. J. Thiersch vom 10.2.1863 in: Schröter, J. A.: Die Katholisch-apostolischen Gemeinden - Seite 310.

Die Tage nach der Exkommunikation

Nachdem Geyer am 17. Dezember 1862 und Schwarz brieflich am 11. Januar 1863 von Engel Rothe suspendiert wurden, sprach Apostel Woodhouse am 27. Januar 1863 das Urteil der Suspendierung und Exkommunikation über die beiden.

Nachdem Rothe am 7. Januar 1863 in der Sakristei der Gemeinde Hamburg die Suspendierung über Priester Preuß, die Diakone Stechmann, Detloff, Klees und Hohl und Gemeindemitglieder, die mit ihnen gemeinsame Sache machten, aussprach und die kirchlichen Gottesdienste und die Spendung der Heiligen Kommunion verbot, bestätigte Apostel Woodhouse dies in zwei Schreiben an verschiedene Adressaten am 5. Februar 1863 und 6. Februar 1863 und erklärte die Hamburger Gemeinde für aufgelöst.

Nachdem Rosochacki am 4. Januar 1863 der Hamburger Gemeinde durch Geyer und Schwarz als Apostel vorgestellt wurde, erhielt er nach seiner Rückkehr nach Königsberg, vermutlich am 7. Januar 1863, einen Brief von dem Hirte mit dem Apostel Thiersch mit der Suspension vom Priester-Amt. Am 17. Januar 1863 schrieb Rosochacki an Schwarz und erklärte seine Apostelrufung als ungöttlich.

Nach diesen Ereignissen und den ausgesprochenen Urteilen durch Apostel Woodhouse waren der katholisch-apostolischen Gemeinde Hamburg ihre Ämter entzogen und die Gemeinde aufgelöst. Zudem hatte sich der neu ausgerufene Apostel Rosochacki selbst zurückgezogen.

Am 28. Januar 1863 kehrte Schwarz nach Hamburg zurück und beschloss mit der Gemeinde, »*die Gottesdienste aufgrund der apostolischen Vorschriften und Lehre fortzusetzen und den HErrn zu bitten, ihre Not anzusehen und ihr, so es Ihm gefiele, wahre Apostel zu schenken.*«[49]

---

[49] Schröter, J. A.: Die Katholisch-apostolischen Gemeinden - Seite 228.

Die Allgemeine apostolische Gemeinde zu Hamburg

Am 27. Januar 1863 war mit der Suspendierung und Exkommunikation von Geyer und Schwarz durch Apostel Woodhouse in Berlin, aufgrund deren Uneinsichtigkeit und Ankündigung, von ihrem Tun nicht abzulassen, sowie der Solidarität der Mehrheit der Gemeindeglieder mit ihnen, die Kirchenspaltung aufgrund des Abfalls der Gemeinde vollzogen.

Mit Schreiben vom 5. Februar 1863 von Woodhouse an die »*Treugebliebenen in Hamburg*«, galt die ehemalige katholisch-apostolische Gemeinde in Hamburg, die sich zum überwiegenden Teil Geyer, Schwarz und Preuß angeschlossen hatte, als aufgelöst.

Die wenigen verbliebenen katholisch-apostolischen Gemeindeglieder behielten ihre ursprüngliche Kirche und die abgefallene Gemeinde bezog »*im neuen Kirchenlokal in der 1. Marienstraße 4*«[50] Quartier.

Diejenigen, die für die Kirchenspaltung verantwortlich waren, übten ihre früheren Ämter und Funktionen weiter aus, als ob es das Urteil durch Rothe und Woodhouse nie gegeben hätte.

In der ersten Zeit nannte sich die ehemalige katholisch-apostolische Gemeinde zu Hamburg »*Allgemeine apostolische Gemeinde zu Hamburg*«, spätestens Anfang 1866 nannte sie sich dann »*Allgemeine christliche apostolische Mission*«.

In einem öffentlichen Eucharistischen Gottesdienst am 8. Februar 1863 wurde Ludwig Preuß »*durch drei verschiedene Weissagungen, sowie später noch durch ein Wort aus dem Munde des Apostolischen Propheten H. Geyer*«[51] zum Apostel berufen. Die Aussonderung für sein Amt geschah auf weitere Aufforderung des Heiligen Geistes am 18. März 1863. Geyer berichtete jedoch, dass während seiner Abwesenheit in Hamburg »*durch einen Diakon der Priester Preuß als Apostel berufen wurde*«[52]. Seine weiteren Bemerkungen lassen erkennen, dass die Beziehung zwischen ihm und Preuß wohl konfliktbehaftet war, denn er schreibt, dass er durch Schwarz nach Hamburg gerufen und bezüglich der Rufung um Rat gefragt wurde, er jedoch die Dinge nicht mehr ungeschehen machen konnte. »*Es war im Wege der Unordnung geschehen, so wie Ruben seines Vaters*

---

[50] Weinmann, Karl: 100 Jahre Neuapostolische Kirche 1863-1963 - Seite 353.

[51] Brief des Vierfachen Amtes in Norddeutschland an das Collegium der Apostel des HErrn in Albury vom 19.5.1863 in Schröter, J. A.: Die Katholisch-apostolischen Gemeinden - Seite 319.

[52] Schröter, J. A.: Die Katholisch-apostolischen Gemeinden - Seite 228.

Jacob Bette bestiegen, so konnte ich auch ein solch uneheliches Kind nicht tödten. Wir mussten nun unser Schicksal tragen, bis am 25. Juli 1878 dieser Bruder Preuß starb. Ich schweige von all dem Leiden, welches uns während der Zeit wiederfuhr.« [53] Die Unordnung war, dass *»die Rufung höherer Ämter nur durch den zuständigen Propheten zu geschehen hatte«*[54].

Diese Abneigung gegen Preuß und Machtkämpfe zwischen Geyer und Preuß führten 1878 zum Bruch und zu einer erneuten Spaltung.

An Pfingstmontag, 27. Mai 1863, also etwa 6 Wochen nach der ersten Apostelrufung für die Allgemeine apostolische Gemeinde zu Hamburg, wurde Schwarz, der bisherige Leiter der Gemeinde, *»nicht allein durch Geyers Mund, sondern durch den Mund vieler weissagender Personen«*[55] als Apostel ausgerufen und am 8. Februar 1863 ausgesondert. Er war der zweite Apostel dieser Gemeinschaft.

Am 30. Oktober 1864 wurden von Geyer 4 weitere Personen zu Aposteln ausgerufen: Ludwig Bösecke, Johann Christoph Leonhard Hohl[56], Heinrich Ferdinand Hoppe und Peter Wilhelm Louis Stechmann[57].

Das Jahr 1878 brachte dann eine erneute Spaltung. Das Verhältnis zwischen Preuß und Geyer verschlechterte sich zunehmend. Die Differenzen waren auch in den unterschiedlichen Vorstellungen über die Stellung der Apostel zu den Propheten begründet, ein alter Streit, den Geyer bereits während seiner Zeit als Prophet in den katholisch-apostolischen Gemeinden ausfocht. Aufgrund einer schweren Erkrankung von Preuß stellte sich die Frage seiner Nachfolge im Amt.

»Am Sonntag, dem 31. März 1878 berief Geyer im Gottesdienst den Diakonen J. F. L. Güldner zum Apostel für Norddeutschland und Skandinavien (dem Auftragsgebiet von Preuß, der zu diesem Zeitpunkt

---

[53] Ebenda.
[54] Weinmann, Karl: 100 Jahre Neuapostolische Kirche 1863-1963 - Seite 353.
[55] Schröter, J. A.: Die Katholisch-apostolischen Gemeinden – Seite 228.
[56] Er war 1863 Diakon in der katholisch-apostolischen Gemeinde Hamburg und unterstützte Geyer und Schwarz bei der Vorstellung des heimlich gerufenen Apostels Rosochaki in der Hamburger Gemeinde, was zu seiner Exkommunikation durch Apostel Woodhouse führte.
[57] Er war 1863 Diakon in der katholisch-apostolischen Gemeinde Hamburg und unterstützte Geyer und Schwarz bei der Vorstellung des heimlich gerufenen Apostels Rosochaki in der Hamburger Gemeinde, was zu seiner Exkommunikation durch Apostel Woodhouse führte.

noch lebte!). Güldner gehörte zu den Gemeindegliedern, die auf der Seite Geyers standen.«[58] Preuß war mit dieser Rufung nicht einverstanden, musst sie aber aufgrund der mächtigen Stellung des Propheten Geyer hinnehmen. Noch zu Lebzeiten bestimmte Preuß den Ältesten »*Wichmann, vorsorglich zu seinem Nachfolger bzw. zum Vorsteher der Hamburger Gemeinde im Falle seines Ablebens*«[59].

Am 25. Juli 1878 starb Preuß und der Weg für Geyer war frei, Güldner als Apostel zu berufen. Am 4. August 1878 kam es in einem Gottesdienst zu handgreiflichen Unruhen. »*Die Berufung des Diakonen J. Güldner zum Apostelamt erfolgte nach der Homilie durch den Propheten Heinrich Geyer*«[60]. Wichmann, der von Preuß als Nachfolger im Amt bestimmt wurde, »*drückte den Propheten Geyer, mit beiden Händen auf dessen Schulder fassend, nieder und sagte: ,Nun will ich mal die Sache in die Hand nehmen.'*«[61] Geyer und seine Anhänger nahmen »*ihre Gewänder, ließen die ganze Kirchen= und Altar=Einrichtung zurück und gingen von dem ,entheiligten Ort', ohne auch nur ein Wort zu sagen, fort, um ihn nie wieder zu betreten (...)*«[62].

Die überwiegende Mehrheit der Gemeindeglieder verließ mit Güldner und Geyer die Kapelle in der Breite Straße und kam provisorisch in der Schauenburgerstasse unter, bevor dann die Kapelle im Cremon 30 in der 2. Etage eingerichtet wurde.

Etwa 50 Personen von ursprünglich 400 Personen blieben bei Wichmann und Krebs, die die Kapelle in der Breite Straße behielten und sich »Apostolische Gemeinde« nannten, jedoch »*ohne Apostel und Propheten dastanden*«[63]. Die Oberaufsicht übernahm der 1881 zum Apostel gemachte Fritz Krebs, der sich später als erster als Stammapostel bezeichnete. Unter seiner Führung entstanden einige Abspaltungen, die sich bis heute immer und immer wieder spalteten. Ab 1907 nannte sich die »Apostolische Gemeinde« »Neuapostolische Gemeinde« und seit 1930 »Neuapostolische Kirche«.

---

[58] Schröter, J. A.: Die Katholisch-apostolischen Gemeinden – Seite 236.
[59] Weinmann, Karl: 100 Jahre Neuapostolische Kirche 1863-1963 - Seite 356.
[60] Authentischer Bericht über die Entstehung der Neu=Apostolischen (Erinnerungen von Sophie Gess, 1934) in Schröter, J. A.: Die Katholisch-apostolischen Gemeinden – Seite 333.
[61] Ebenda.
[62] Schröter, J. A.: Die Katholisch-apostolischen Gemeinden – Seite 238.
[63] Ebenda Seite 243.

Kirchenrechtliche Konsequenzen der Exkommunikation

Suspendierungen, Ausschlüsse vom Heiligen Abendmahl und Exkommunikationen entfalten Wirkungen auf das geistliche Leben und die Stellung der davon betroffenen Personen im Leib Christi und deren Handlungen in der Folge.

Den hier vorliegenden Fall gilt es unter Zugrundelegung der Heiligen Schrift einzuordnen.

Was ist die Apostolische Lehre von solchen, die »Unzucht« treiben – die von einem Zustand der Reinheit in einen Zustand der Unreinheit geraten?

Und wie ist mit denen Umzugehen, die zur reinen Braut Christi, der Kirche, gehören, und geistlich unrein geworden sind?

Biblisches Zeugnis

Evangelium nach Matthäus (Matth. 16,19; vgl. Matth. 18,18)

»19 Ich will dir die Schlüssel des Himmelreichs geben: Alles, was du auf Erden binden wirst, soll auch im Himmel gebunden sein, und alles, was du auf Erden lösen wirst, soll auch im Himmel gelöst sein.«

Der Herr gibt seinen Aposteln, den Hausverwaltern seiner Kirche, umfassende Autorität, zu binden und zu lösen. Diese Vollmacht geht über das vergeben und behalten von Sünden hinaus. Nach aramäischem Sprachgebrauch ist mit den Begriffen etwas weitreichendes und umfassendes gemeint: für erlaubt und für verboten erklären. Hier ist das ganze Gebiet der apostolischen Leitung und Lehre berührt.

Apostel Paulus (1. Kor. 5, 1-5 und 9-13):

»1 Überhaupt geht die Rede, dass Unzucht unter euch ist, und zwar eine solche Unzucht, wie es sie nicht einmal unter den Heiden gibt: dass einer die Frau seines Vaters hat. 2 Und ihr seid aufgeblasen und seid nicht vielmehr traurig geworden, sodass ihr den aus eurer Mitte verstoßen hättet, der diese Tat begangen hat? 3 Ich aber, der ich nicht leiblich bei euch bin, doch mit dem Geist, habe schon, als wäre ich bei euch, beschlossen über den, der solches getan hat: 4 Wenn ihr in dem Namen unseres Herrn Jesus versammelt seid und mein Geist samt der Kraft unseres Herrn Jesus bei euch ist, 5 soll dieser Mensch dem Satan übergeben werden zum Verderben des Fleisches, damit der Geist gerettet werde am Tage des Herrn.

9 Ich habe euch in dem Brief geschrieben, dass ihr nichts zu schaffen haben sollt mit den Unzüchtigen. 10 Damit meine ich nicht allgemein die Unzüchtigen in dieser Welt oder die Geizigen oder Räuber oder Götzendiener; sonst müsstet ihr ja die Welt räumen. 11 Vielmehr habe ich euch geschrieben: Ihr sollt nichts mit einem zu schaffen haben, der sich Bruder nennen lässt und ist ein Unzüchtiger oder ein Geiziger oder ein Götzendiener oder ein Lästerer oder ein Trunkenbold oder ein Räuber; mit so einem sollt ihr auch nicht essen. 12 Denn was gehen mich die draußen an, dass ich sie richten sollte? Habt ihr nicht die zu richten, die drinnen sind? 13 Gott aber wird die draußen sind richten. Verstoßt ihr den Bösen aus eurer Mitte!«[64]

Apostel Paulus belehrt die Gemeinde darüber, wie mit einem umzugehen ist, der sich durch Taten in der Gemeinde unrein gemacht hat. Zudem bemängelt er die gleichgültige Haltung der Gemeinde jener schweren Verfehlung gegenüber und fordert sie zum aktiven Handeln auf.

Der, der sich unrein gemacht hat, soll »dem Satan übergeben«, d. h. aus der Gemeinschaft der Heiligen, aus der Kirche Jesu Christi, ausgeschlossen werden. Die Exkommunikation[65] vollzieht der Apostel. Diese Maßnahme soll letztlich zur Rettung des geistlichen Menschen dienen.

Die christliche Gemeinde hat nach den Worten des Apostels über die zu richten, die Glieder am Leibe Christi sind, nicht über die Außenstehenden, denn sie sind Teil der Körperschaft uns vergiften mit ihrer Unreinheit den ganzen Organismus. Mit solchen sollen sie auch nicht »essen«, also Tischgemeinschaft pflegen.

Apostel Paulus (2. Timotheus 2, 16-18.21; vgl. 1. Timotheus 1, 20):

»16 Halte dich fern von ungeistlichem losen Geschwätz; denn es führt mehr und mehr zu ungöttlichem Wesen, 17 und ihr Wort frisst um sich wie der Krebs. Unter ihnen sind Hymenäus und Philetus, 18 die von der Wahrheit abgeirrt sind und sagen, die Auferstehung sei schon geschehen, und bringen einige vom Glauben ab. (...) Wenn nun jemand sich reinigt von solchen Leuten, der wird ein Gefäß sein zu ehrenvollem Gebrauch, geheiligt, für den Hausherrn brauchbar und zu allem guten Werk bereitet.« (2 Tim 2,16-18.21)

»20 *Unter ihnen sind Hymenäus und Alexander, die ich dem Satan übergeben habe, damit sie in Zucht genommen werden und nicht mehr lästern.«* (1 Tim 1,20)

Apostel Paulus belehrt die Gemeinde darüber, wie mit denen umzugehen ist, die sich durch Worte unrein gemacht haben, d. h. Lehren verkündigen, die der apostolischen Lehre widersprechen. Paulus hat sie »dem Satan übergeben«, also aus der Gemeinschaft der Heiligen ausgeschlossen (exkommuniziert).

---

[64] Die Bibel nach der Übersetzung Martin Luthers mit Apokryphen, revidierte Fassung von 1984, Deutsche Bibelgesellschaft, Stuttgart, 1999.
[65] Ex communio, d. h. aus der Gemeinschaft.

Er zeigt auf, welche Pflicht der geheiligte Christ, der ein Gefäß Gottes zu ehrenvollem Gebrauch ist, hat: Reinigung von solchen Leuten, also Aufgabe jeglicher Gemeinschaft mit ihnen.

Epistel Johannes (2. Johannes 10.11):

»10 Wenn jemand zu euch kommt und bringt diese Lehre[66] nicht, so nehmt ihn nicht ins Haus und grüßt ihn auch nicht. 11 Denn wer ihn grüßt, der hat Teil an seinen bösen Werken.«

Im zweiten Johannesbrief entfaltet der Apostel die ganze göttliche Konsequenz und Tragweite bezüglich der Irrlehrer und derer, die sich mit ihnen einlassen. Wenn einer aus den eigenen christlichen Reihen nicht die Lehre Christi, sondern eine andere Lehre verkündigt, wird er exkommuniziert, d. h. er wird von der Kirche Christi isoliert. Derjenige jedoch, der sich mit ihm einlässt ist mit ihm gefangen, er wird zum Mittäter und ebenfalls exkommuniziert.

---

[66] Die Lehre Christi.

Sachverhalt im zeitlichen Ablauf

10. Oktober 1862

Heimliche Berufung Rosochackis zum »Apostel einer neuen Reihe« in dessen Wohnung durch Geyer mit der Auflage des Stillschweigens.

17. Dezember 1862

Rothe suspendierte Geyer aufgrund dessen Weissagung über die Entrückung der Erstlinge, die der Lehre der Apostel widersprach, und schloss ihn von der Heiligen Kommunion aus.

30./31. Dezember 1862

Brief des Apostels Woodhouse an Rothe mit der Bestätigung der Suspendierung Geyers.

2. Januar 1863

Rothe informierte Geyer über die Bestätigung der Suspendierung und Ausschluss von der Heiligen Kommunion durch den Apostel.

4. Januar 1863

Vorstellung Rosochackis als Apostel in einem Gottesdienst der Hamburger Gemeinde durch Geyer und Schwarz.

Rosochacki hob die Exkommunikation Geyers durch Apostel Woodhouse auf und setzte ihn wieder in sein früheres Amt ein. Er entzog Engel Rothe die Autorität über die Gemeinde Hamburg und machte Schwarz zum selbstständigen Engel der Gemeinde Hamburg.

7. Januar 1863

Rothe erklärte in der Sakristei der Gemeinde Hamburg alle Gottesdienste für nichtig und sprach die Suspendierung über die Priester, Diakone und Gemeindeglieder, die sich auf die Seite von Rosochacki, Geyer und Schwarz stellten, aus und verbot die kirchlichen Gottesdienste und die Spendung der Heiligen Kommunion (in einem Brief Rothes an die Hamburger Gemeinde am 11.1.1863 erklärte er, dass alle Handlungen Rosochackis als Apostel nichtig und ungültig sind).

Der Hirte mit dem Apostel Thiersch sprach Rosochacki die Suspension vom Priesteramt aus.

11. Januar 1863

Rothe empfahl der Gemeinde Hamburg die Gottesdienste in der Kirche der Stadt zu besuchen und keinesfalls die Heilige Kommunion durch die suspendierten und exkommunizierten Personen entgegenzunehmen.

17. Januar 1863

Rosochacki erklärte in einem Brief an Schwarz seine Apostelrufung als ungöttlich.

26. Januar 1863

Schwarz reiste nach Berlin um in einem Gespräch mit Thiersch und Rothe einen möglichen Wiederanschluss an die katholisch-apostolische Gemeinde Berlin zu erörtern. Die Gespräche scheitern am Festhalten von Schwarz an der Ordnungsmäßigkeit der Apostelrufung Rosochackis durch Geyer.

27. Januar 1863

Um 15.30 Uhr mussten sich Geyer und Schwarz in der Sakristei der Gemeinde Berlin vor Apostel Woodhouse für ihr Handeln verantworten.

Abends 8 Uhr las Apostel Woodhouse Geyer und Schwarz in einer Ratsversammlung der Amtsträger der Kirche zu Berlin das Urteil der Suspension vom Amte und dem Ausschluss von der Heiligen Kommunion vor.

28. Januar 1863

Schwarz kehrte nach Hamburg zurück und beschloss mit der Gemeinde die Gottesdienste fortzusetzen und Gott um einen Apostel zu bitten.

5. Februar 1863

In einem Brief erklärte Woodhouse Priester Preuß und die Diakone Stechmann, Detloff, Klees und Hohl für suspendiert und von der Heiligen Kommunion ausgeschlossen, sowie deren Verbindung mit der Gemeinde Hamburg für aufgelöst.

Die Folgen unter Berücksichtigung der Heiligen Schrift

Das biblische Zeugnis über den Umgang mit solchen, die innerhalb der Kirche Jesu Christi durch Worte und Taten sich am Leibe Christi unrein gemacht haben und deshalb exkommuniziert wurden, muss nun auf die hier beschriebenen Vorgänge zwischen Oktober 1862 und Februar 1863 angewandt werden.

Es fällt sofort ins Auge, dass die ganze Sache mit einer Heimlichkeit beginnt. Der Prophet Geyer berief am 10. Oktober 1862, ohne seinen geistlichen Vorgesetzten davon zu informieren, Rosochacki zum Apostel. Hinzu kommt, dass diese Rufung in privaten Räumen unter 4 Augen stattfand, also keine Zeugen des Berufungsereignisses zugegen waren.

Bereits 1855 wurde die Frage der Wiederbesetzung verwaister Apostelstellen unter den Engeln der Gemeinden diskutiert. Im Juni 1855 berieten die verbleibenden Apostel über die Sache und kamen zum Ergebnis, *»daß für einen solchen Schritt keine Ermächtigung in der Hl. Schrift gegeben ist (...) daß sie also die Sache dem HErrn ganz anheimstellen und sich damit begnügen müssen, mit desto größerem Fleiß zu arbeiten, damit sie vor Ihm am Tage Seiner Erscheinung als treue Knechte anerkannt werden mögen«*.[67]

Geyer war über die Anweisungen und Entscheidungen der Apostel informiert, rief jedoch trotzdem im Mai 1860 anlässlich einer Prophetenkonferenz in Albury 2 Personen zu Aposteln aus, die die leeren Stellen verstorbener Apostel aus dem Kreis der 12 besetzen sollten. Hier zeigte er bereits seinen Ungehorsam gegen apostolische Autorität. Anfang 1861 versuchte er es erneut, indem er mit Gliedern der Berliner Gemeinde Versammlungen abhielt und zu diesem Anlass *»einen jetzt auswärts wohnenden Mann als Apostel«*[68] bezeichnete.

Unter diesen persönlichen Eindrücken und der Verwerfung seiner Rufungen erhellt, weshalb Geyer heimlich agierte. Er wollte »seine Sache« voranbringen. Im vorliegenden Fall sprach er nicht von einer Besetzung verwaister Apostelstellen, sondern von der Berufung eines Apostels einer neuen Reihe.

---

[67] F. V. Woodhouse's „Belehrung des Apostels über die Frage nach der Möglichkeit einer Berufung neuer Apostel" vom 19.2.1863 (1. Teil) in: Schröter, J. A.: Die Katholisch-apostolischen Gemeinden - Seite 311.

[68] Rundschreiben Ch. J. T. Böhms vom 12.1.1863 in Schröter, J. A.: Die Katholisch-apostolischen Gemeinden - Seite 297.

Am 17. Dezember 1862 suspendierte Engel Rothe den Propheten Geyer wegen einer Weissagung, die der apostolischen Lehre widersprach und schloss ihn von der Heiligen Kommunion aus. Nach mehrfachen Versuchen des Engels und der Priester der Gemeinde Berlin, Geyer umzustimmen, blieb dieser fest bei seinen Meinungen und offenbarte eine von der apostolischen Lehre völlig abweichende Lehre bezüglich der Entrückung und der Zukunft der Kirche. Die Suspendierung von Rothe bestätigte Apostel Woodhouse brieflich am 30./31. Dezember 1862, wovon Rothe Geyer am 2. Januar 1863 Mitteilung machte.

Halten wir fest: Ab dem 17. Dezember 1862 war Geyer nicht mehr berechtigt, irgendwelche amtlichen Handlungen in den Gemeinden durchzuführen, weder prophetisch zu reden, noch irgendeine amtliche Funktion in den Gemeinden auszuüben. Die Suspendierung missachtete er jedoch und trat unberechtigt am 4. Januar 1863 in vollem Ornat in der Gemeinde Hamburg auf, weissagte und sprach erneut die Berufung des etwa 3 Monate zuvor heimlich berufenen Rosochacki zum Apostel aus.

Diese Apostelrufung durch einen exkommunizierten ehemaligen Propheten ist ungültig. Die durch den ungültig ausgerufenen falschen Apostel vollzogene Rücknahme der Exkommunikation Geyers und seine Wiedereinsetzung in sein bisheriges Amt ist ebenfalls ungültig, wie die weiteren Handlungen, die Rosochacki durchführte. Kurze Zeit später, am 17. Januar 1863, erkannte der falsche Apostel Rosochacki den Irrtum und erklärte seine Apostelrufung als ungöttlich.

Halten wir fest: Sowohl der Auftritt Geyers in Hamburg als Diener der Kirche, als auch dessen Berufung Rosochackis zum Apostel, sowie die Rücknahme der Exkommunikation Geyers waren samt und sonders ungültig, ja sie brachten über die gesamte Gemeinde Unheil.

Am 7. Januar 1863 endlich erklärte der mit der Aufsicht über die Hamburger Gemeinde betraute Engel Rothe aus Berlin alle Gottesdienste der Hamburger Gemeinde für nichtig und verbot die kirchlichen Gottesdienste und die Spendung der Heiligen Kommunion. Er suspendierte die Rosochacki, Geyer und Schwarz anhängenden Priester, Diakone und Gemeindeglieder. Der apostolische Hirte Thiersch sprach gleichzeitig über Rosochacki die Suspension vom Priesteramt aus.

Halten wir fest: Mit dem Urteil von Rothe waren alle Anhänger von Rosochacki und Geyer suspendiert, die Gottesdienste und die Feier der Heiligen Kommunion verboten und die Gemeinde damit für aufgelöst erklärt.

Am 27. Januar 1863 verlas Apostel Woodhouse den Herren Geyer und Schwarz[69] das endgültige Urteil vor: Suspension vom Amte und Ausschluss von der Heiligen Kommunion.

Geyer und Schwarz kehrten an ihre Wirkungsstätte zurück und machten weiter wie wenn nichts geschehen wäre. Ihnen schlossen sich die am 5. Februar 1863 durch Apostel Woodhouse suspendierten und von der Heiligen Kommunion ausgeschlossenen Herren Preuß, Stechmann, Detloff, Klees und Hohl an.

Diese Personen, die sich in der Kirche Christi unrein gemacht haben, wegen Widerspruch gegen die Lehre der Apostel und eigenmächtiges heimliches Handeln, und dafür durch einen Apostel aus der Kirche ausgeschlossen wurden oder mit den Worten des Apostels Paulus zu sprechen dem »Satan übergeben wurden« (1. Kor. 5, 5; 1. Tim. 1, 20), feierten weiterhin Gottesdienste und gaben sich in der Folge den Namen »Allgemeine apostolische Gemeinde zu Hamburg«, später »Allgemeine christliche apostolische Mission«.

Nicht die »Katholisch-Apostolischen Gemeinden«, sondern diese »Allgemeine christliche apostolische Mission« ist die Wurzel der Gemeinschaften, die heute den Begriff »apostolisch« in der Bezeichnung ihrer Glaubensgemeinschaft tragen. Um nur einige der bekanntesten zu nennen: Apostelamt Jesu Christi (AJC), Apostolisch Genootschap (ApGen), Apostolische Gemeinschaft (AG), Hersteld Apostolische Zendingkerk (HAZK), Neuapostolische Kirche (NAK), Old Apostolic Church (Alt-Apostolische Kirche), Vereinigung Apostolischer Christen Schweiz (VAC).

Welche Berechtigung haben diese Gemeinden, im Sinn und Geiste Jesu Christi Gottesdienste zu feiern und seine Sakramente zu verwalten?

---

[69] Rosochacki hatte seinen Irrtum bereits am 17. Januar 1863 erkannt und mitgeteilt und konnte kurze Zeit später von Apostel Woodhouse wieder in die Gemeinschaft der Kirche Christi aufgenommen werden.

Ihr Anfang war nicht allein ohne Sendung und Legitimation durch den HErrn, sondern ein illegitimer Anfang aus dem Zustande der Exkommunikation heraus.

Die Exkommunikation entfaltet vom ersten Tage im Jahr 1863 bis heute seine Wirkung und hat nichts an Schärfe verloren. Die Exkommunikation wurde bis heute nicht aufgehoben. Wer könnte sie auch aufheben außer dem HErrn selbst oder einem wahren Apostel?

»Unter der Decke der Heimlichkeit, der Lüge und List ist dieses neue Apostel- und Prophetentum in die Erscheinung getreten. Was wird sein Ende sein? Der HErr wird sie richten.«

Aus einem Schreiben des Engels Carl Rothe, Berlin 9. Januar 1863

Anhang

Rundschreiben Ch. J. T. Böhms vom 12.1.1863

Berlin, 12. Januar 1863.

Mein lieber Bruder!

Zur näheren Erläuterung des in Hamburg Geschehenen theile ich Ihnen folgendes mit: Es stellt jetzt sich klar heraus, daß das in meinem Schreiben vom 8. d. M. erwähnte Ereigniß die Ausführung eines schon längst vom Feinde heimlich vorbereiteten Planes war. Die Hauptpersonen dieser Verführung sind Herr Geyer, Herr Friedrich Schwarz in Hamburg und der Priester Herr Rosochacki in Königsberg.

Schon seit Jahren hat Herr Geyer heimlich gegen die Apostel des Herrn conspirirt. Vor mehr als zwei Jahren versuchte er es, den hiesigen Aeltesten Herrn Gottlieb Schwarz zur Empörung zu verführen. Vor einem Jahre wagte er es, in der hiesigen Gemeinde heimlich Leute an sich heranzuziehen, Versammlungen mit ihnen zu halten, etlichen von ihnen Verheißungen von großen Dingen, die Gott mit ihnen vorhaben sollte, zu geben, auch einen jetzt auswärts wohnenden Mann als Apostel zu bezeichnen. Diese Versuche scheiterten damals an der Treue der Männer, an die sich Herr Geyer wandte, und aus Liebe und Schonung verbargen diese Männer diese gefährlichen Vorgänge vor ihrem Engel.

Am 10. Oct. v. J., als Herr Geyer mit dem Apostel in Königsberg zur Einsetzung des Engels amtlich gegenwärtig war, verführte er den dortigen Priester Rosochacki, indem er heimlich ihm vorhielt, daß er zum Apostel bestimmt sei und als solcher späterhin bestätigt werden sollte. Dieses that er hinter dem Rücken des Apostels, mit und unter dem er diente.

Herr Rosochacki, in die Falle gegangen, bereitete sich ohne alles Wissen seines Engels und mit großer List auf sein Auftreten als Apostel, unter anderem, indem er sich an mich mit der Bitte um ein Testimonium und an Dr. Roßteuscher wegen Gewänder wandte.

Herr Friedrich Schwarz, der schon von dem hier vor einem Jahre Geschehenen gewußt haben soll, und in die sämmtlichen Ansichten und Pläne des Hrn. Geyer eingeweiht gewesen sein muß, hatte von diesem Nachricht von dessen Suspension und andere Mittheilungen bekommen, ehe er von seinem Engel die Suspension erfuhr. Trotzdem schrieb er an Hrn. Rothe, als ob er von gar nichts gewußt hätte. Heimlich bereitete er seinen Mitpriester und die Diakonen auf das was geschehen sollte und belehrte die ganze Gemeinde in demselben Sinne, ja hielt Gebetsversammlungen für denselben Zweck und brachte es endlich soweit, daß eine förmliche Einladung an den suspendirten Propheten Herrn Geyer erging.

Nachdem Alles so vorbereitet war, erschienen plötzlich am Sonntage den 4. d. M. die beiden Männer, Herr Geyer und Herr Rosochacki, bei der Feier der heiligen Eucharistie in der Gemeinde zu Hamburg, und kein Wunder, daß die arme Gemeinde, nachdem sie von allen Denen, die sie hätten schützen sollen, verrathen und dem Teufel preisgegeben war, von der ganzen Hölle überfluthet und hingerissen wurde.

Ueber den Mißbrauch, den Herr Geyer von gewissen Lehren und Schriftstellen macht, brauche ich jetzt nicht zu reden. „An ihren Früchten", sagt der HErr, „sollen wir sie erkennen", und trotz aller List und Heuchelei des Feindes hat der Herr es doch gnädiglich so gefügt, daß diese Verführung mit solchen unverkennbaren Zeichen ihres Ursprungs auftreten sollte, daß jeder ehrliche und aufrichtige Christ davor zurückschrecken muß. Mit Verleugnung aller Grundsätze der Wahrheit, der Aufrichtigkeit, der Ehrlichkeit, der Treue und Dankbarkeit haben diese Verführer ihr Werk angefangen. Alle ihre Vorgesetzten haben sie betrogen und verrathen, während ihnen nur Vertrauen, Liebe und große Geduld entgegengetragen wurden. Das Ihrige haben sie gesucht; die Sache Gottes und seiner Kirche haben sie verleugnet. Ihren Ehrgeiz, die Wurzel ihres Unheils, haben sie auf Kosten ihrer unglücklichen Brüder befriedigt. Herr Geyer hat sich sofort von seinem Apostel zum apostolischen Propheten, und Herr Friedr. Schwarz sich zum selbstständigen Engel von Hamburg ernennen lassen. Der Gemeinde zu Hamburg sind große Verheißungen gegeben worden.

Dieses ist der Thatbestand, wie ich ihn genau geprüft und gewissenhaft darstellen kann.

Charles J. T. Böhm,

Coadjutor des Apostels

beauftragt mit der Fürsorge für die Gemeinden in Norddeutschland.

Brief von R. Rosochacki an F. W. Schwarz vom 17.1.1863

Königberg 17.1.1863

Epheser 6, Vers 12

An Herrn F. Schwarz in Hamburg.

Lieber Bruder in Christo!

Gewiß hast Du es Dir nicht erklären können, warum ich bis jetzt geschwiegen habe, warum ich nicht in der Kraft des neuen Amtes gekämpft habe, damit unsere Gegner besiegt und niedergeschlagen würden. O, lieber Bruder, die Ursache ist die, daß ich diese Kraft noch nicht habe finden können. Jetzt, da wir eine Reihe von Ereignissen erlebt haben und imstande sind, Vergleichungen anzustellen, müssen wir doch wie Männer herantreten an unser eigenes Tun und es scharf ins Auge fassen; denn Du weißt ja wohl besser noch, als ich, wie listig Satan ist, wie er den Herrn selbst durch Worte der heiligen Schrift zu verlocken trachtete, indem er die Worte verdrehte und fleischlich gebrauchte. Wir wollen also gemeinschaftlich prüfen und uns dann aber auch bestimmt dahin entscheiden, wo wir Jesum sehen, gleichviel, ob uns die tiefste Demut zuteil wird. Ja, ich sage, daß wir uns dahin wenden, wo Demütigung unser Teil sein wird, und uns von da abwenden, wo man uns huldigen und uns erheben will. Es ist ein mächtiger Kampf entbrannt; zwei Mächte kämpfen miteinander und müssen also diese Mächte einander Feind sein, denn sonst würden sie nicht miteinander auf Leben und Tod kämpfen. Auf der einen Seite muss notwendigerweise Christus, der Herr, auf der anderen Seite Satan stehen. Es ist unmöglich, daß beide Parteien von ein und demselben Geist geführt sein können. Weder beide Seiten können vom Heiligen Geist, noch können beide Seiten vom Teufel getrieben sein. Dies ist bewiesen in Lukas 11, 17-23. Wir haben also noch zu suchen, auf welcher Seite wir Jesum finden. Und ist uns dies gelungen, so muß auf der anderen Seite Satan stehen, und wir dürfen nicht einen Augenblick schwanken, uns zu entscheiden. Wer nicht mit mir ist, der ist wider mich. Wir haben wiederholt ausgesprochen und bekannt, daß wir die Apostel in England und die uns durch sie gegebenen Ordnungen als göttliche anerkennen und auch fernerhin sie als solche ehren wollen. Du weißt es besser als ich, daß der Herr uns durch diese seine Apostel unschätzbaren Segen, reichen Trost, köstliche Hoffnungen, eine herrliche Berufung und eine göttliche Signatur gegeben hat. Durch sie hat er uns Anweisungen gegeben, ihn anzubeten in schönen Gottesdiensten, mit seinem Opfer im Allerheiligsten zu erscheinen, als göttliches Priestervolk uns zu wissen. Durch sie hat er uns geführt aus den verworrenen und halbdunklen Gassen voll Öde und Dürre zu dem rechten Weg, der zu ihm führt, zu ihm, der unser Licht und Leben ist. Ist es nicht der Herr gewesen, der uns aus unserer eigenen Niedrigkeit und Unwissenheit hervor geholt hat, um ihm schon hier auf Erden im heiligen Amt zu dienen. Wir können es ja nicht leugnen, daß es Jesus gewesen ist, der solches durch seine Apostel getan und daß es sein Amt ist, das zu verwalten er uns durch seine Apostel aufgetragen hat. Wollen wir noch mehr Beweise suchen für die Wahrhaftigkeit seines Werkes, das er in unsern Tagen durch Apostel getan hat, so werden uns deren wohl unzählige aufstoßen und wir müssen bekennen und tun es gern, daß Jesus Christus der ewige Sohn des ewigen Vaters mit seinen Aposteln und mit ihrem Werke ist. Hieraus folgt unwidersprechlich, daß mit denen, die seinen Aposteln feindlich gegenüberstehen, der Herr nicht sein kann, denn sein Reich ist ein einiges Reich. Wer nicht mit mir ist, der ist wider mich. Führt uns nicht der Geist Gottes, so führt uns der Antichrist.

Und so ist es uns ergangen. Als dir Gemeinde zu Hamburg die Kunde vernahm, daß ein weiterer Apostel berufen sei, da war ihre erste Tat Empörung gegen die ihr von Gott gegebene Ordnung. Unmöglich war dies ein Wirken des Heiligen Geistes. Ohne weiteres nahm die Gemeinde Partei für Geyer gegen die von Gott verordneten Diener des Herrn. Wer hat der Gemeinde das Recht und die Ausrüstung gegeben, den Geyer frei sprechen und den ihr vorgesetzten Engel Rothe zu verurteilen? Wer hat der Gemeinde das Recht gegeben, mich als Apostel anzuerkennen und als solchen mich zu proklamieren? Wäre meine Berufung eine göttliche gewesen, so hätte kein Widerspruch mit den übrigen Aposteln entstehen können, denn ein Apostel Jesu Christi kann nicht den andern Apostel des Herrn hinauswerfen und absetzen helfen. Geyer war exkommuniziert, nicht nur aus der Gemeinde zu Berlin, sondern auch aus der Kirche Christi, und als solchem war ihm alle Befugnis und alle Befähigung genommen, eine Aussonderung sowohl als auch die Berufung einer Gemeinde auszusprechen. Der Heilige Geist hat ihn in seinem Zustand nicht geleitet. Wolltest Du noch etwa sagen, daß meine Berufung gültig sei, weil sie von Geyer ausgesprochen ist, als er noch im Amt und Ehren war, so antworte ich: Wäre er damals wirklich vom Heiligen Geist getrieben, und wollte mich Gott zu seinem Apostel haben, so wäre die Berufung nicht heimlich geschehen, sie hätte nicht nötig gehabt, das Licht zu scheuen. Gott hätte seinem Diener wohl gezeigt und vorher verkündigt, was er zu tun vor hatte. Auch hierin kann ich nicht den Heiligen Geist finden. Fragen wir nun endlich, wie es möglich gewesen sei, so in die Ränke Satans zu geraten, so arg sich zu verirren und zu versündigen, wie wir es getan, so müssen wir gestehen, daß dies nur hat geschehen können, weil der Feind bei uns Anknüpfungspunkte gefunden hat in unserm Eigendünkel und Hochmut. Es ist Zündstoff genug in uns vorhanden gewesen, um ein Feuer der Empörung anzuzünden und hoch genug ist die Flamme emporgeschlagen, um eine ganze Gemeinde mit zu verzehren. Nie in meinem ganzen Leben werde ich es vergessen, in welchem Abgrund ich mich befunden habe und wäre die liebe Jesu nicht größer gewesen als Satans List, als unser Hochmut und Dünkel, so wären wir auf ewig verloren gewesen.

Was ist aber zu tun? Sollen wir hartnäckig fortwandeln auf dem Weg, auf welchen wir doch nicht den geringsten Frieden gefunden haben, sollen wir uns soweit verstricken, daß es uns unmöglich wird, herauszukommen? Nimmermehr! Ich gehe kein Haarbreit weiter mit. Es ist unleugbar wahr, daß die Gottesdienste einer Gemeinde, die sich in offener Empörung befindet, nimmermehr von Gott angenommen werden, daß die Feier der heiligen Eucharistie ihr zum furchtbaren Gericht werden muß.

Nun, lieber Bruder, fordere ich Dich auf, vor dem heiligen und gerechten Gott: Kehre um! Stelle alle Gottesdienste ein, zeige, daß Du ein wahrer Diener Gottes bist. Es kann Dir unmöglich verborgen sein, wie ohne Frieden auch die ganze Gemeinde ist. Darum säume keinen Augenblick. Sei Du der erste, der sich demütigt unter die gewaltige Hand Gottes, damit nicht die furchtbare Verantwortung auf Dir liegt, wenn dereinst die Gemeinde uns vor Gott verklagt, daß wir sie in so großes Elend verführt haben.

Ich bitte Dich, diesen Brief der Gemeinde vorzulesen, damit sie wisse, wie ich stehe, damit ihr womöglich die Augen aufgetan werden. Ich habe auch an Geyer geschrieben, ebenso wie an Dich. Lies seinen Brief durch, Du wirst aus demselben noch manche Ergänzung zu diesem entnehmen können. Ich bemerke noch, daß ich Abschrift dieses Briefes an Herrn Pastor Rothe zur beliebigen Benutzung gesandt habe und ob Du mich gleich einen Verräter und Abtrünnigen schelten möchtest, so bin ich doch überzeugt, daß Du mir dereinst danken wirst. Glaube im Gegenteil, daß ich ein Verräter an Jesu

Christo wäre und an seiner Gemeinde, wenn ich auf dem betretenen Weg weiterginge. Es wird gut sein, wenn wir gegenseitig alles austauschen, was wir einander geschrieben haben, um auch nicht durch Schriftstücke an unsere eigene Schande erinnert zu werden. Gott helfe uns allen!

Dein Bruder in Christo

(gez.) R. Rosochacky

Eine Belehrung über die Fortdauer des Apostolats

Teurer Bruder,

hiermit erhalten Sie die versprochene Belehrung des Apostels Fr. V. Woodhouse über die Frage nach der Möglichkeit einer Berufung neuer Apostel und über die Hoffnung auf eine Errettung der Erstlinge vor der großen Trübsal.

Machen Sie von dieser Mitteilung zum besten der Ihnen Anbefohlenen mit Weisheit Gebrauch.

Marburg, den 19. Februar 1863.

W. J. Thiersch

Eine Belehrung über die Fortdauer des Apostolats.

Die neuesten Ereignisse, das Tun des Propheten H. G. (Heinrich Geyer; Anm.d.Verf.) und der mit ihm Verbündeten, die vermeintliche Berufung eines Priesters in einer der Gemeinden zum Apostelamte und dessen Auftreten in Hamburg, wo er einige Tage die Handlungen eines Apostels sich anmaßte - alles dies lässt es wünschenswert erscheinen, dass ich mich bemühe, die Gemüter der Engel und der Gemeinden in Deutschland über diese Frage nach der Berufung neuer Apostel zu beruhigen - sei es, dass diese neuen Apostel die 12-Zahl wieder vollständig machen, oder dass sie als Apostel eine eigene Stellung einnehmen sollen, ganz unabhängig von denen, die in den Gemeinden in London durch die Handauflegung der 7 Engel am 14. Juli 1835 für ihr Amt ausgesondert worden sind.

Die durch den Propheten H. G. (Heinrich Geyer; Anm.d.Verf.) vorgetragenen Ansichten sind so wandelbar, dass es kaum möglich ist zu wissen, was er eigentlich meint. Vor 3 Jahren äußerte er sich gegen mich in dem Sinne, dass die Apostel von Zeit zu Zeit, wie sie durch den Tod hinweggenommen würden, durch andere ersetzt werden sollten. Später nahm er eine andere Stellung ein und sprach von einem anderen Apostolat, das nach der Wegnahme der gegenwärtigen Apostel erweckt werden sollte. Dem Prediger Rosochacky scheint er gesagt zu haben, seine Berufung geschehe zur Wiederbesetzung der Stelle von solchen, die entschlafen sind; endlich aber lautet ein Wort, das er zu Hamburg in Kraft sprach, dahin: dieser neue Apostel sei der erste einer neuen Reihe von 12 Aposteln, und diese seien dargestellt durch die 12 Perlentore des neuen Jerusalems.

Diese höchst unklaren und veränderlichen Ansichten würden keinen Anspruch auf Berücksichtigung haben, wenn nicht die Engel und Gemeinden in Norddeutschland bis zu einem gewissen Grade in Unwissenheit zu sein schienen, was die Apostel über diese Frage denken. Deshalb versuche ich es, ihnen die Ansichten der Apostel, so wie sie sind, darzulegen.

Die Frage nach einer Wiederbesetzung der Stellen der durch den Tod hinweggenommenen Apostel ist nicht neu. Gleich nach dem Tode unseres Bruders, des sel. Apostels CARLYLE, der am 28. Januar 1855 entschlief, fingen einige von den Aposteln an, die Frage zu erörtern, ob nicht die Apostel Schritte tun würden, um eine Wiederbesetzung seiner Stelle herbeizuführen.

Damals haben die Apostel nach reiflicher Erwägung der Sache eine Mitteilung an die Engel in einem Zirkular vom Juni 1855 gemacht, das auch ins Deutsche übersetzt und durch den Pastor mit dem Apostel den Engeln zugesandt wurde. Daselbst heißt es:

„Die Frage, ob von den Aposteln Schritte getan werden können, und welche, um nach dem Hinscheiden der Apostel CARLYLE und MACKENZIE ihre Stellen auszufüllen, wurde vorgebracht und erörtert. Die Apostel erwogen, dass für einen solchen Schritt keine Ermächtigung in der Heiligen Schrift gegeben ist, dass das Beispiel des Judas, der durch Übertretung fiel, hierher nicht passt; dass sie also nicht gutheißen, auch nicht selbst ergreifen können die Initiative (den ersten Schritt) eines Versuchs zur Ausfüllung der Stelle eines berufenen und aus gesonderten Apostels, der durch den Tod hinweggenommen; dass sie also diese Sache dem Herrn ganz anheim stellen und sich damit begnügen müssten, mit desto größerem Fleiße zu arbeiten, damit sie vor Ihm am Tage Seiner Erscheinung als treue Knechte anerkannt werden mögen."

Aus dieser Mitteilung sieht man, dass sich die Apostel damals überzeugten, die Heilige Schrift gebe ihnen kein Licht, einen solchen Schritt zu tun. Sie enthalte auch nichts, wodurch sie sich rechtfertigen könnten, falls sie sich Autorität zuschrieben, irgend etwas der Art zu tun.

Lasst uns zuerst den Fall des Judas betrachten: ihm erklärte der Herr beinahe am Anbeginn Seines Wirkens, er habe einen Teufel, Joh. 6, 70 + 71; und als er von seinem Meister den Bissen angenommen hatte, fuhr der Satan in ihn, er ging hinaus, verriet seinen Herrn, und als er sah, dass der Herr zum Tode verurteilt war, ging er hin und erhängte sich selbst. Unser Herr selbst sprach von Judas als dem Verräter, er nannte ihn den Verlorenen, den Sohn des Verderbens, Joh.17, 12. Judas bekam nicht den endgültigen Auftrag als Apostel von unserem Herrn nach Seiner Auferstehung und war nicht unter denen, die am Pfingstfest den Heiligen Geist empfingen. Der Herr selbst hatte ihn für verloren erklärt.

Als Petrus vor dem Tage der Pfingsten den anderen Aposteln kundgab, es sei notwendig, die Stelle des Judas auszufüllen, geschah es, damit die 12-Zahl einmal für immer voll werde, nicht um ein Präzedenz (Beispiel) aufzustellen, wonach die Apostel, so oft einer aus ihrer Mitte stürbe, verfahren sollten.

So entspricht denn, wie in der obigen Mitteilung angegeben ist, der Fall des Judas in keiner Weise den Fällen, wo einer von den 12, die der Herr beauftragt und für ihr Werk ausgesondert hat, entschlafen ist.

Der Grund, wodurch die Apostel sich verhindert fühlen, Schritte zur Besetzung solcher Stellen zu tun, sind von der Art, dass eben deshalb die Apostel auch den Engeln nicht erlauben können, Schritte zu tun, wie z.B. Gebete zu Gott darzubringen, dass Er die Zahl voll machen möge; ebenso wenig können sie Propheten, die unter den Aposteln stehen, gestatten, auf eigene Hand Männer zum Apostelamt zu berufen. Gegen alle solche Versuche gilt die Antwort: Die Apostel finden nichts in der Heiligen Schrift, das sie ermächtigt, die Stellen wieder auszufüllen.

Gesetzt aber, die Stellen sollten wieder besetzt werden, so würde das einzige Beispiel in der Heiligen Schrift beweisen, dass der Anfang hierzu von den Aposteln selbst ausgehen müsste, denn so war es, als Matthias erwählt wurde.

Ebenso geschah es, als im Jahre 1835 einer von denen, welche der Herr als Apostel zu gebrauchen vorhatte, sich weigerte zu kommen und dem Herrn in diesem Aste zu dienen. Die Apostel selbst wurden veranlasst, zwei Männer zu wählen in genauer Übereinstimmung mit dem, was mit Matthias stattfand.

Das Verfahren des Herrn mit Paulus ist so außergewöhnlich und das in der heiligen Schrift über Barnabas gegebene Licht so unzureichend, dass wir unmöglich durch diese beiden Beispiele angeleitet werden können, solche Schritte zu tun. Zu gleicher Zeit aber zeigen alle Umstände, die sich auf Paulus und Barnabas beziehen, auf das

Bestimmteste, dass diese Brüder nicht an die Stelle des Jakobus, Sohn des Zebedäus (Apostelgeschichte 12), oder eines anderen bereits entschlafenen Apostels Israels berufen, erwählt oder eingesetzt worden sind. Überdies wissen wir, dass Paulus und Barnabas keine Anstalten trafen, um andere an ihre Stelle zu setzen; dass die noch lebenden Apostel für Israel, als ihre Zahl durch den Tod vermindert wurde, nichts taten, um die Stellen der Hinweggenommenen auszufüllen; endlich Johannes, der zuletzt von den Aposteln noch lebte, hat keine Winke gegeben, dass andere an seiner Statt berufen oder eingesetzt werden sollten.

Darum ist die Sachlage ganz klar eine solche, dass bei dem gänzlichen Mangel eines Lichtes, einer Bürgschaft oder eines Beispiels in der Heiligen Schrift die Apostel gezwungen sind, die Initiative ihrerseits abzulehnen, und ebenso anderen nicht zu gestatten, dass sie so etwas tun, wofür es an jeden Beweise in der heiligen Schrift gebricht.

Gott kann neue Apostel berufen. Er kann wiederholen, was mit Paulus und Barnabas geschehen ist. Wir unterwinden uns nicht, der Macht Gottes eine Schranke zu setzen - Gott mag dieses tun; ich meine, hierfür ist Beweis in der Schrift vorhanden, aber kein Beweis ist in der Schrift vorhanden für die Wiederbesetzung der Stellen von Aposteln, welche berufen, ausgesondert und ausgerüstet waren und dann durch den Tod hinweggenommen worden sind.

Man hat einige Stellen aus dem Testimonium angeführt zum Beweise, dass die Apostel zu der Zeit, wo sie dieses Zeugnis ablegten, anderer Meinung gewesen wären als jetzt. Sie hätten damals behauptet: Das Apostelamt hätte in der Kirche zu allen Zeiten dauern sollen; die ganze Kirche muss durch das 4-fache Amt vollendet werden; während das Apostelamt 12-fach ist, ist die Zahl derer, welche in diesen Amte einander folgen mögen, nicht beschränkt; es war die Sünde der Kirche, dass sie in der ersten Zeit die Apostel aussterben ließ. Die Bischöfe hätten damals Tag und Nacht zu Gott rufen sollen, ER möge der Kirche die Apostel erhalten, und nach deren Tode, ER möge sie ihr wieder herstellen.

Nimmt man an, das Testimonium behaupte, Apostel hätten 1800 Jahre in der Kirche bleiben, und ihre 12-Zahl hätte so lange Jahrhunderte hindurch stets vollständig erhalten werden sollen, so fällt auf die ersten Apostel selbst, auf Petrus, Paulus und Johannes, die Schuld, indem sie keine Maßregeln zur Vervollständigung der Zahl ergriffen. Paulus gab den Timotheus und dem Titus Delegation und Auftrag wie sie nach seiner Hinwegnahme handeln sollten. Paulus sagt zu den Ältesten von Ephesus - Apostelgeschichte 20, 25-32: „Und nun siehe, ich weiß, dass ihr mein Angesicht nicht mehr sehen werdet etc."

Petrus schrieb in seinem zweiten Brief, Kap.1, 12-16 : „Darum will ich etc."

In diesen Stellen ist keine Andeutung gegeben, dass die ersten Apostel, sei es Paulus oder Petrus, versucht hätten, ihre Stellen oder die Stellen anderer Apostel zu besetzen. Auch ist im Testimonium keine Stelle, welche besagt, dass das Apostelamt 1800 Jahre in der Kirche hätte fortbestehen sollen.

Hat das Testimonium behauptet, die ganze Kirche müsse durch das 4-fache Amt vollendet werden, so ist damit nicht mehr gesagt als in Brief an die Epheser Kap. 4. Und es ist vollkommen richtig, dass, als die Zeit des Herrn kam, Sein Werk wieder aufzunehmen und die, so ER willig fand, zur Vollkommenheit zu führen, dass dann das apostolische Amt und das 4-fache Amt wiedergegeben werden musste. Doch ist in der hierher gehörigen Stelle nicht gesagt, noch auch angedeutet, dass während der Zeit, wo die Kirche ins Gericht kommt, während der Herrschaft des Tieres und der großen Trübsal, die Kirchen noch unter einem 12-fachen Apostelamt stehen und also vorwärts geführt werden sollen bis zur Erscheinung des Herrn.

Hat man im Testimonium gesagt: das Apostolat ist 12-fach, aber die Zahl derer, die in demselben aufeinander folgen mögen, ist nicht beschränkt, so ist damit nur eine Tatsache ausgesprochen, die aus dem Apostelamt des Paulus und Barnabas, sowie aus der Entstehung des gegenwärtigen Apostolats klar hervorgeht. Dabei bleibt aber das Verhalten der Apostel der ersten Zeit, wie es oben gezeigt worden, solcher Art, dass es den Schluss zu ziehen verbietet, als meinten die Apostel, ihre Zahl sollte von der ersten Zeit an bis jetzt immer neu ergänzt werden.

Die Kirche sollte unter der Leitung der ersten Apostel zur Vollkommenheit fortschreiten; Bischöfe und Vorsteher wie Diotrephes waren nicht bereitwillig, sich den Aposteln zu unterwerfen; und nach dem Tode der Apostel waren die Bischöfe, die an ihre Stelle traten, hiermit zufrieden. Gegenwärtig, da Apostel der Kirche wiedergegeben sind, haben die Bischöfe und Regierer der Kirche, anstatt gemeinschaftlich mit den unter Aposteln stehenden Christen zu beten, dass ER die Apostel mit dem vollen Segen des Evangeliums Christi aussenden wolle, ihre Annahme verweigert. Dies ist ihre Sünde und wird ihr Gericht sein. Aus dieser Ursache geschieht es: während das 4-fache Amt zur Vollendung der heiligen gegeben ist, wird die ganze Kirche mit Ausnahme einer kleinen Schar solcher, die sich hingeben, um zum Maße des vollendeten Alters Christi zu gelangen, unter Gottes Gericht kommen und nur durch Gerichte gerettet werden, anstatt sich durch das 4-fache Amt zur Vollkommenheit führen zu lassen.

Der eigentliche Zweck des Testimoniums und die Hauptabsicht war, der Christenheit zu zeigen, dass nur ein heiliges Volk vor dem Herrn bestehen kann, wenn ER kommt; nur solche, die mit dem heiligem Geist erfüllt sind, an ihren Stirnen mit dem Siegel des lebendigen Gottes versiegelt. „Die Darreichung des Heiligen Geistes und die Vollendung der Kirche" kann nur durch die am Anfang hierzu gegebenen Ordnungen stattfinden. Sie werden wieder gegeben; Apostel, Propheten, Evangelisten, Hirten und Lehrer werden das Werk Gottes ausrichten, und die Nachfolger des Lammes, die Unbefleckten, in deren Munde kein Falsches erfunden wird, die unsträflich sind vor dem Thron Gottes sie werden mit dem Lamme auf dem Berge Zion stehen, sie werden erscheinen als Erstlinge für Gott und das Lamm, das Unterpfand jener herrlichen Ernte, wann des Menschen Sohn Seine Engel senden und Seine Auserwählten sammeln wird von den 4 Winden, von einem Ende des Himmels bis zum anderen. Und dies ist euer Beruf, ihr Getauften, denn Gott hat euch nicht verstoßen; dies ist eure Hoffnung. Aber werdet ihr hören? Gott weiß es. Ohne Zweifel viele werden hören, alle können hören, und jeder, der da hört, wird gewisslich versiegelt werden und vor der Zerstörung bewahrt in dem Gezelte Gottes zur bösen Zeit.

So sagt das Testimonium (S.74-76), und so ist es wahr. Und dies ist Gottes Absicht, indem ER der Kirche wieder Apostel gibt und Sein 4-faches Amt herstellt, die zu vollenden, die sich Ihm hingegeben und Sein Werk anerkennen, und sie hinwegzunehmen, ehe Seine Gerichte ausgegossen werden. Was bedarf es nun weiter zu sagen. Das gegenwärtige Werk ist ein Werk des Glaubens, nicht des Schauens. Unsere Hoffnung ist nicht eine Hoffnung, die wir sehen, „denn wie kann man des hoffen, das man sieht? So wir aber des hoffen, das wir nicht sehen, so warten wir sein durch Geduld."

Die Zahl derer, die zu den versiegelten Erstlingen gehören sollen, muss voll werden, und wenn der letzte von denen, welchen diese Würde vorbehalten ist, versiegelt ist, wird der Herr erscheinen, und wir werden zu Ihm als heilige Erstlinge gesammelt werden.

Bringt nun die Berufung neuer Apostel eurer Hoffnung euch näher? Im Gegenteil. Jene, die sich an dieser neuen Sache beteiligen, leugnen eure Hoffnung. Sie leugnen nicht nur die Lehre der Apostel, sondern ebenso sehr und noch entscheidender den Gesamtinhalt des Lichtes der Weissagung, wie es uns von Anfang an gegeben worden ist und von Jahr zu Jahr immer mehr zugenommen hat, indem das Wort der Weissagung uns aufforderte, als solche, die mit den heiligen Geist versiegelt worden sind, nichts zwischen die Gegenwart und die Erscheinung des Herrn zu stellen, da ER vom Himmel kommen wird, um Seine Erstlinge zu sich zu nehmen und sie zu retten vor den Gerichten, die über Seine Kirche kommen, weil sie Seine Apostel verschmäht, das Siegel des Heiligen Geistes anzunehmen sich geweigert hat und erst zur Vollkommenheit fortschreiten will.

Die seltsamen Behauptungen, welche H. G. (Heinrich Geyer; Anm.d.Verf.), wo er ein geneigtes Gehör fand, ausgebreitet hat, kommen nur nach und nach zu unserer Kenntnis. Dazu gehört die Aussage, die von ihn ausgegangen sein soll, der heilige Geist habe überall durch die Propheten bezeugt, dass die Stellen der entschlafenen Apostel ausgefüllt werden sollten. Dasselbe sei im Worte der Weissagung durch Herrn TAPLIN, die Säule der Propheten, gesagt worden; diesen hätten die Apostel deshalb suspendiert, und er sei vor Gram darüber gestorben. An diesen Angaben ist kein wahres Wort. Keine Weissagungen haben stattgefunden über die Wiederbesetzung der erledigten Apostelstellen kein Beispiel einer Berufung eines neuen Apostels ist seit der Aussendung der Apostel im Jahre 1835 vorgekommen. Einige Worte, durch Herrn GEYER gesprochen, und von ihm selbst so gedeutet, sind von den Aposteln teils ganz anders erklärt, teils sofort als unecht abgewiesen worden. Herr Taplin war nicht suspendiert noch irgendeiner Rüge verfallen zu der Zeit seines Hinscheidens noch irgend jemals während der letzten 20 Jahre. Am Tage seines Abscheidens hat er sich dankbar gegen die Apostel ausgesprochen für all ihr Verfahren mit ihm; er räumte ein, dass er sich mitunter verletzt gefühlt hatte durch die Weise, wie sie die durch ihn gesprochenen Worte behandelten; aber er habe allemal späterhin Ursache gehabt einzusehen, dass das Verfahren der Apostel ganz richtig gewesen sei. Die beste Erwiderung auf die Aussage, dass die Apostel gegen die Weissagung und die Propheten gleichgültig seien, besteht in der Tatsache, dass die Apostel vor Jahren feierliche Gebete zu Gott, allemal eine Woche lang, unmittelbar vor den 3 hohen Festen, angeordnet haben, damit es Gott gefalle, Propheten zu erwecken und die Ordnungen Seines Hauses vollständig zu machen. Alle Apostel und andere Diener der allgemeinen Kirche, die nicht durch unabweisbare Verhinderungen abgehalten sind, finden sich zu diesen Zeiten ein, um sich an diesen Gebeten zu Gott, den Allmächtigen, zu beteiligen. Ferner: die Apostel haben im Jahre 1858 alle Engel-Propheten und die zum Engelamt berufenen Propheten, auch sonstige Priester-Propheten, die ihnen geeignet schienen, einberufen, um sie in ihrem Amte zu unterweisen, um ihre Begabung kennen zu lernen und zu beurteilen, inwieweit etliche von ihnen fähig wären, um als Propheten mit den Aposteln erwählt zu werden, mit der Absicht, auf diesem Wege die Zahl der 12 apostolischen Propheten voll zumachen. Diese Versammlungen wurden regelmäßig jedes Jahr fortgesetzt bis voriges Jahr, da sie aus Ursachen, deren Erörterung hier nicht erforderlich ist, unterblieben. Bei der ersten dieser Versammlungen waren 12 Propheten zugegen, unter ihnen je einer aus Norddeutschland, der Schweiz, Schottland und Frankreich. Auf den Vorwurf, als schätzten die Apostel die Propheten gering und wären gleichgültig und unachtsam gegen ihre Worte, dient ferner zur Antwort alles, was den Engeln mitgeteilt worden ist über die Erstlinge und deren Hinwegnahme, über die Zeugnisse, die nacheinander durch verschiedene Scharen mit verschiedenem Maße des Glaubens abgelegt werden sollen und über die Lage der bei der Wegnahme der Erstlinge Zurückbleibenden, - alles dies sind nicht Dinge, welche die Apostel selbst erfunden oder durch ihre eigene Auslegung der heiligen Schrift in Ermangelung prophetischen Lichtes hervorgebracht hätten, sondern im Gegenteil: es ist die Verarbeitung und Vereinbarung des mannigfachen Lichtes, das durch die Weissagung gegeben wurde, nicht allein bei den Versammlungen der Propheten mit den Aposteln in den Jahren 1858, 1859, 1860 und 1861, sondern auch bei anderen Gelegenheiten um dieselbe Zeit, und nicht bloß in London und Albury, sondern in den verschiedensten Gemeinden durch den Mund aller Propheten in wunderbarem Einklang.

Vielleicht in keinem Stück ist die Verwegenheit und Vermessenheit des Propheten H. G. (Heinrich Geyer; Anm.d.Verf.) so auffallend wie hierin: Während er denen, die auf ihn horchten, beizubringen suchte, die Apostel zwar seien fehlbare Menschen, hätten geirrt und könnten noch irren, aber das Wort der Weissagung sei unfehlbar, und für das Wort der Weissagung trete er auf gegen die fehlbaren Ansichten der Apostel, so stehen die von ihm aufgestellten neuen Lehren in geradem Gegensatz mit dem gesamten Inhalt des Lichtes der Weissagung während der letzten 5 Jahre, und jeder seiner Meinungen wird auf das Bestimmteste widersprechen durch Worte der Weissagung aus den verschiedensten Gemeinden in dem neuesten Record, der eben jetzt übersetzt wird und demnächst an die Engel gelangen soll.

Die Tatsache ist richtig, dass von den 7 Propheten, welche vor 28 Jahren (1835) mit den Aposteln in der damals eröffneten Ratsversammlung der 7 Gemeinden in London saßen, 5 entschlafen, auch dass 6 von den Aposteln hinweggenommen worden sind. Aber dass nur 2 Engel-Propheten noch übrig seien, d. h. nur 2 solche, die in der allgemeinen Kirche dienen könnten, ist nicht wahr. Der Prophet PRENTICE, der von Herrn TAPLIN als sein Coadjutor erwählt worden ist und jetzt dessen Stelle als Prophet mit dem Apostel für den Stamm in England einnimmt, sowie auch als Coadjutor für die Säule der Propheten in Albury und in der Versammlung der 7 Gemeinden, ist ein 3ter Prophet im Dienste der allgemeinen Kirche; Capitain TAYLOR ist der 4te, den mehrere der Engel in Deutschland kennen, der noch voriges Jahr durch den Apostel KING CHURCH in Belgien und Dänemark gebraucht worden ist. Der Engel-Prophet PETITPIERRE in Paris ist der 5te, und dass Norddeutschland bis jetzt den 6ten nicht liefert (entsprechend der Zahl der noch lebenden Apostel), kommt nicht davon her, dass es meinerseits oder bei den Aposteln in Albury an Verlangen gefehlt hätte, Herrn G. (Geyer; Anm. d. Verf.) hierfür zu wählen. Diese Sache ist in der Ratsversammlung in Albury öfter erörtert worden, auch habe ich sie oft mit Herrn BÖHM und Professor THIERSCH besprochen. Doch kam die Wahl des Herrn G. (Geyer; Anm. d. Verf.) nie zustande infolge der Unterscheidung, die uns Gott gab über seinen unrechten Geisteszustand und sein Nichtgeeignetsein zur Erhebung in eine so hohe und verantwortliche Stelle, wiewohl wir zu der Zeit von seiner jetzt an den Tag gekommenen geheimen Wirksamkeit wenig oder nichts wussten. Durch die neuesten Ereignisse ist erkennbar geworden, wie er seit Jahren in Deutschland und in der Schweiz, wo immer er Eingang fand, in verräterischer und versteckter Weise gewirkt hat. Gottes wachsames Auge über sein Werk und der Wert der den Regimentsführern verliehenen Gabe der Unterscheidung wird dadurch erwiesen. Das in einer früheren Mitteilung schon erwähnte, zu Albury in Gegenwart des Herrn G. (Geyer; Anm. d. Verf.) durch den Propheten PRENTICE gesprochene Wort: „Seid sehr wachsam über die Worte, die in Deutschland in Kraft geredet werden. Satan sucht durch jene Tür einen Eingang; siehe, der Herr hat euch gewarnt", dient ebenfalls dazu, dass wir der wachsamen Fürsorge unseres himmlischen Vaters für Sein Werk volles Zutrauen schenken, und uns zu zeigen, wie ER denen, die ER als Regierer in Seinem Hause setzt, Vertrauen beweist. Der Streit ist vergeblich gelegt worden vor den Augen des Der Heilige Geist sah, was im Verborgenen wirkte; ein Ausbruch wurde endlich nur zugelassen, damit die falschen Brüder entdeckt und ihre Werke zerstört würden.

Unmittelbar nachdem die Apostel (1835) ausgesondert waren, wurden sie angewiesen, miteinander nach Albury zu gehen, einem kleinen abgelegenen Dorfe, daselbst beisammen zu bleiben, und in der Schrift zu forschen, und die Propheten wurden ihnen zugewiesen, um ihnen Licht zu geben. So begaben sie sich dorthin, an den Ort, wo die erste Gemeinde errichtet, der erste Evangelist ordiniert, der erste Engel geweiht worden war; und ein ganzes Jahr forschten sie in der Heiligen Schrift, indem sie jedes Kapitel und beinahe jeden Vers erwogen, ihre Ansichten über die bei dem Lesen zur Sprache kommenden Lehrpunkte aussprachen und überreiches Licht der Weissagung empfingen durch die Säule der Propheten und durch andere Propheten, die von Zeit zu Zeit herabkamen und bei ihnen verweilten.

Durch dieses anhaltende Studium der Heiligen Schrift und diesen Austausch der Gedanken lernten sie, ohne ihre individuelle Eigentümlichkeit aufzuopfern und ihre besonderen Meinungen über untergeordnete Dinge aufzugeben, eines Sinnes zu sein in den großen Lehren des Evangeliums und sich so auszudrücken, dass sie bei Kundgebung ihrer Ansichten nicht in Widerspruch und Streit mit den Ansichten der anderen gerieten. Seit ihrer Aussonderung ist jeder Punkt der Lehre und Praxis wiederholt vor sie gebracht und erörtert worden, und auf solchen Wege sind sie zu einer 12-fachen Einheit geformt worden, die durch keine anderen Mittel zustande kommen konnte. Und wiewohl mehrere von ihnen nun hinweggenommen, so sind doch die, welche übrig blieben, nicht dadurch verhindert, die Lehre der Apostel mit Zuversicht kundzumachen. Es würde unmöglich sein, dass irgendwelche anderen Männer durch den bloßen prophetischen Ruf diesen Aposteln in der Weise beigesellt werden könnten , dass sie ein Teil ihres Kollegiums würden, eins mit ihnen in der Lehre, eins in Herz und Geist, wie jene eins gemacht worden sind, nicht durch ein plötzliches Wunder, sondern durch jahrelangen täglichen geistlichen Verkehr. Dies allein könnte schon zum Beweise dienen, wie unmöglich eine solche Hinzufügung zu den Zwölfen sein möchte, wodurch die Neuankommenden imstande wären, mit voller Zuversicht den Sinn der Apostel auszusprechen, oder sich bewusst sein könnten, mit jenen auf gleichem Fuß zu stehen.

Nach allem, was am Eingang gesagt worden ist über den gänzlichen Mangel an Licht oder Beispiel in der Heiligen Schrift für Ergreifung irgendwelcher Maßregeln zur Wiederbesetzung der Stellen entschlafener Apostel, möchte es unnütz sein zu überlegen, welcher Art solche Maßregeln sein mussten.

Soviel ist aus dem Erwähnten klar: jeder neue Apostel, der den vorhandenen hinzugefügt werden sollte, müsste das volle Vertrauen derer besitzen, mit denen er zu arbeiten hat. Mit anderen Worten: Nur solche könnten wählbar sein, mit denen die Apostel in vollkommener Übereinstimmung zu wirken vermöchten, deshalb müsste der erste Schritt der sein, dass die Apostel selbst eine Wahl von einem oder mehreren träfen, wenn gleich danach ein Wort der Weissagung eintreten könnte. Offenbar kann man nicht einen Augenblick daran denken, dass die Apostel ihre Zustimmung dazu gäben, sich irgendeinen unbekannten Mann als Genossen ihrer Arbeit aufbürden zu lassen, den irgendein Prophet seiner Meinung nach zum Apostel zu berufen getrieben worden ist.

Findet eine Anbietung zum Priesteramt statt, so dürfen nur solche Männer sich darstellen, die von dem Engel als fähig erkannt werden, die ihr Verlangen, sich anzubieten, kundgegeben und des Engels Bewilligung bekommen haben. Kein Prophet in einer besonderen Gemeinde würde die Erlaubnis haben, auf dem Eindruck hin, den er hat, sofort zur Berufung eines Mannes zum Priester mitzuschreiten.

Wenn eine Anbietung zum Engelamte geschehen sollt so werden die Engel aufgefordert, dem Apostel die Namen der Priester zu nennen, in denen sie ein solches Wachstum in Gnade wahrnehmen, dass sie dieselben für geeignet zur Anbietung halten; nur solche, die auf diesem Wege die Bewilligung erhalten haben, werden angeboten.

Während nun solche weisen und gottgefälligen Vorschriften aufgestellt und befolgt werden als ein Schutz, damit nicht ungeeignete Männer zur Stufe eines Priesters oder Engels erhoben werden, will Herr G. (Geyer; Anm. d. Verf.) uns überreden, wie er sich selbst überredet hat, dass er, oder wie man wohl schließen darf, irgendein anderer Prophet befugt sei, für sich allein und ohne Beihilfe durch die Unterscheidung der Vorsteher der Kirche, Männer zu Aposteln zu berufen, dass damit die Sache abgetan sei, und dass die Apostel verpflichtet seien, solche ohne ein Wort der Bemerkung oder der Einrede in ihre Genossenschaft aufzunehmen.

Lehrpunkte

Ich komme nun auf die Punkte der Lehre zu sprechen, die H. G. (Heinrich Geyer; Anm.d.Verf.) aufgestellt hat, in Widerspruch, wie er selbst gesteht, mit dem, was er von den Aposteln als Inbegriff des prophetischen Lichtes empfangen hat.

Seine neue Lehre lautet:

Die Stelle 1.Korinth. 15, 52 von dem Schall der letzten Posaune, der Auferstehung der Toten und Verwandlung der Lebenden in einem Augenblick

die Stelle 1.Thess. 4,16: „Der Herr wird herabkommen vom Himmel mit einem Feldgeschrei, die Toten in Christo werden auferstehen zuerst, danach wir, die wir leben und übrigbleiben, werden hingerückt werden mit denselben dem Herrn entgegen und also bei dem Herrn sein allezeit" -

die Stelle 2. Thess. 2,3: „Der Tag des Herrn wird nicht kommen, bis der Gottlose geoffenbaret wird, der Mensch der Sünde, den der Herr verheeren wird mit dem Geist Seines Mundes und ihn zerstören mit dem Glanz Seiner Zukunft"

die Stelle Offenbarung 20, 4: „Ich sah die Seelen der Enthaupteten um des Wortes Gottes und des Zeugnisses Jesu willen, und die nicht angebetet hatten das Tier noch sein Bild, noch angenommen sein Malzeichen an ihrer Stirn oder an ihrer Hand, und sie wurden lebendig und regierten mit Christo 1000 Jahre, aber die anderen Toten wurden nicht lebendig, bis die 1000 Jahre vollendet sind, dies ist die erste Auferstehung"

alle diese Stellen beschreiben ein und dasselbe Ereignis, und dieses Ereignis werde eintreten in einem Augenblick zur Zeit der letzten Posaune, die ertönen wird nach der Zerstörung des Tieres und des falschen Propheten und der Bindung des Satans.

H. G. (Heinrich Geyer; Anm. d. Verf.) behauptet ferner: die 144 000 Knechte Gottes – Offenbarung 7 – die versiegelt werden, ehe die Winde losgelassen werden, zu beschädigen die Erde, das Meer und die Bäume, seien Hauptleute über 1000, und die 144 000 Jungfrauen - Offenbarung 14 - , die mit dem Lamm auf dem Berge Zion stehen, seien Gemeinden, eine jede aus 1000 bestehend, und diese 144 000 bilden die Gesamtzahl derer, die gerettet werden sollen zur Zeit der letzten Posaune, und diese, die Erstlinge aus den Menschen, umfassen die ganze Kirche Gottes.

H.G. (Heinrich Geyer; Anm. d. Verf.) behauptet ferner die in einem Augenblick geschehende Auferstehung und Entrückung, wovon obige Stellen reden, werde nicht stattfinden bis nach dem Reich des Antichrists und nach der Zerstörung des Menschen der Sünde, und die Worte, wonach etliche gerettet werden sollen vor der Stunde der Versuchung, die da kommt über den ganzen Erdkreis, zu versuchen, die auf Erden wohnen, oder stehen sollen mit den Lamme auf dem Berg Zion, oder entrückt werden sollen zu Gott und Seinem Thron, seien geistig zu verstehen und bedeuteten nichts weiter, als dass solche die Wahrheit annehmen und unter den Schutz der vollkommenen Ordnungen des Hauses Gottes gestellt werden.

Endlich hat er erklärt, er halte es für Stolz und Mangel an Liebe von unserer Seite, dass wir uns besser hielten als andere, nicht bereit seien, ihre Leiden zu teilen und der großen Trübsal entgehen, wollten.

Diese Ansichten, die H. G. (Heinrich Geyer; Anm. d. Verf.) in einem Brief an Herrn Rothe entwickelt hat, hält er für die einzigen mit der Heiligen Schrift zu vereinbarenden und will von denselben nicht um ein Jota abweichen.

Nach seiner Meinung muss die Versammlung der 144 000 mit dem Lamm auf dem Berg Zion, das Zeugnis der 2 Zeugen, ihr Tod, ihre Auferweckung und ihr Aufsteigen zum Himmel, die Geburt des Knäbleins und dessen Entrückung zu Gott und Seinem Thron, die 2-malige Verfolgung des Weibes von je 3 1/2 Jahren, der Krieg des Tieres und seiner Heere gegen die Heere des Himmels, die Erhebung und Enthüllung des Menschen der Sünde und die große Trübsal - dies alles müsse stattfinden vor der Auferstehung der Toten und der Verwandlung der Lebenden, welche mit einem Male geschehen soll zu der Zeit, die Offenbarung 20, 5 beschrieben wird.

Es würde eine Beleidigung gegen den gesunden Verstand der Diener des Herrn in Deutschland und aller wohlunterrichteten Gemeindeglieder sein, wollte man im einzelnen die Verwegenheit und Grundlosigkeit solcher Behauptungen nachweisen, welche das gesamte Licht der Weissagung mit einem Male umstürzen.

Die beste Probe ihres Wertes möchte sich in dem Schluss finden, zu welchem H. G. (Heinrich Geyer; Anm. d. Verf.) hiernach mit Notwendigkeit gelangt, dass das Kommen des Herrn und unsere Versammlung zu Ihm für eine lange Zeit noch nicht zu erwarten sei.

Vieles, das zur Entwicklung und Vollendung der christlichen Kirche gehört, wurde anfangs nur unvollständig geoffenbart, aber das alles muss, wenn die Zeit der Erfüllung naht, vollständiger enthüllt werden. In den alten Glaubensbekenntnissen wird die Auferstehung der Toten verkündigt und das Kommen des Herrn, zu richten die Lebendigen und die Toten; doch weiter wird nichts von der Entrückung oder Verwandlung der Lebenden gesagt. Auch in den Evangelien und Episteln ist keine deutliche Erwähnung der zweiten Auferstehung oder des 1000-jährigen Reiches Christi und Seiner Heiligen.

Diese Dinge treten zuerst hervor in dem Buche der Offenbarung, aber auch da sind sie nicht so klar erläutert, dass sie keiner weiteren Beleuchtung bedürften. Das volle Licht über diese Gegenstände ist uns zuteil geworden durch die wiederbelebten Ordnungen der Apostel und Propheten mit einer solchen Klarheit, die allein schon uns gewiss machen sollte, dass die Zeit nahe ist.

Die Episteln enthalten, wie gesagt, nur allgemeine Erklärungen über Auferstehung und Verwandlung; die Weise, die Ordnung und Aufeinanderfolge, in der solches stattfinden sollte, wird in der Offenbarung gezeigt.

Prüfen wir das Buch der Offenbarung mit der Absicht, die Weise zu erkennen, wie der Ratschluss Gottes zur Zeit des Endes erfüllt werden soll, so finden wir (Offenbarung 7) die 4 Engel, welche stehen an den 4 Ecken der Erde und die 4 Winde zurückhalten, dass sie nicht blasen über die Erde und das Meer oder irgendeinen Baum, und ein Engel kommt vom Morgen, der hat das Siegel des lebendigen Gottes und gebietet den 4 Engeln, dass sie nicht beschädigen die Erde und das Meer und die Bäume, bis die Knechte Gottes versiegelt sind an ihren Stirnen, und die Zahl der Versiegelten ist 144 000. Nachher schaut der Apostel eine Menge, welche niemand zählen kann, angetan mit weißen Kleidern und Palmen in ihren Händen, welche kommen aus der großen Trübsal, und ihre Kleider gewaschen und hell gemacht haben im Blut des Lammes; sie sind vor dem Thron Gottes und dienen ihm Tag und Nacht. Diese zahllose Menge ist unterschieden von den 144 000.

Der Apostel sieht eine andere Vision, Offenbarung 14: Das Lamm, stehend auf dem Berge Zion und mit Ihm 144 000, die da haben den Namen ihres Vaters, geschrieben auf ihren Stirnen. Diese 144 000 sind offenbar dieselben, welche vor dem Gericht über die Erde, das Meer und die Bäume versiegelt wurden, sie sind nun auf dem Berge Zion, sie singen ein Lied vor dem Thron, vor den 4 lebendigen Wesen und den Ältesten, welches niemand lernen kann als diese 144 000, die erkauft sind von der Erde. Diese sind es , die nicht mit Weibern befleckt sind, denn sie sind Jungfrauen: sie sind rein von der Befleckung mit den verschiedenen Seiten; sie folgen dem Lamm, wohin es geht: sie nehmen teil an den Leiden Christi und an Seiner Herrlichkeit; sie sind erkauft von den Menschen als Erstlinge Gott und dem Lamm, in ihrem Munde ist kein Falsches erfunden; denn sie sind unsträflich vor dem Thron Gottes.

Folgen wir dem Gedankengang dieses Kapitels, so finden wir nachdem diese gesehen worden sind auf dem Berge Zion, erscheint ein Engel, fliegend mitten durch den Himmel, der hat das ewige Evangelium zu verkündigen denen, die auf Erden wohnen und allen Geschlechtern, Völkern, Zungen und Heiden (aus denen die unzählbare Menge - Kap. 7, 9 - gesammelt wird), er ruft ihnen zu: „Fürchtet Gott und gebet Ihm die Ehre, denn die Zeit Seiner Gerichte ist gekommen". Ein anderer Engel verkündigt den Fall Babylons. Ein dritter geht aus mit einer Warnung gegen die Anbetung des Tieres oder seines Bildes oder die Annahme seines Malzeichens an Stirn und Hand. Das Zeugnis der Heiligen während dieser Zeit besteht in ihrer Weigerung, das Tier anzubeten oder sein Malzeichen anzunehmen (Kap.14, Vers 12), und eine Seligpreisung wird ausgesprochen über die, welche in dem Herrn sterben zu derselben Zeit (Vers 13). Dann folgt die Ernte - die Einsammlung der Heiligen; und die Trauben der Erde werden geworfen in die Kelter des Zornes Gottes - das Gericht über die Gottlosen.

Doch schon, ehe dieses alles geschieht, steht das Lamm auf dem Berge Zion mit den 144 000, die da haben den Namen ihres Vaters geschrieben an ihren Stirnen. Diese sind also nicht unter den

Bewohnern der Erde, welchen das Evangelium verkündigt wird, damit sie Gott fürchten und Ihm die Ehre geben, weil die Zeit Seiner Gerichte gekommen ist. Sie sind nicht in Babylon zu der Zeit, da sie fällt. Sie sind nicht der Gewalt und dem Zorn des Tieres ausgesetzt. Sie bilden die Ernte, sie gehören nicht zu der Weinlese. Sie sind die Erstlingsfrüchte für Gott und das Lamm.

Es ist kaum möglich, daran zu zweifeln, dass diese 144 000 dieselben sind wie jene im 7. Kapitel, wo sie beschrieben werden als zu versiegelnde, ehe die Stürme losgelassen werden; nun sind sie an einem Ort der Sicherheit, nämlich bei den Herrn auf dem Berge Zion, und hierfür war ihre Versiegelung die Vorbereitung. Ebenso ist die unzählbare Menge im 7. Kapitel entsprechend denen, an welche im 14. Kapitel das ewige Evangelium gepredigt wird.

Gemäß reichlichem Licht der Weissagung bedeuten die 144 000 eine bestimmte Zahl, die Gott bekannt ist, von solchen, die in den ersten Tagen der Kirche und zu allen Zeiten sich dem Geist Gottes hingegeben, Sein Siegel und Zeichen empfangen, sich freigehalten haben von der Befleckung der Kirchen, in deren Mitte sie lebten, die eine Gemeinschaft haben mit Gott und Seinem Geist, die nur ihnen selbst bekannt ist, Nachfolger des Lammes in ihren Zeiten und Geschlechtern, die Vollkommenen, in deren Munde kein Falsches erfunden ist, die unsträflich sind vor dem Thron Gottes. Viele sind ohne Zweifel in den vergangenen Zeiten gewesen, die der Herr anerkennen wird, wenn Er steht auf dem Berge Zion, denn die, welche entschlafen sind in Christo, wird Gott mit Ihm bringen. Aber sie bedeuten auch, und dies ist es, was uns besonders angeht, jene, die in diesen letzten Zeiten, da Gott Seine Ordnungen wiederhergestellt, Apostel wieder gegeben und die Hoffnung der baldigen Zukunft des Herrn neu belebt hat, von Gott Gnade empfangen haben, Sein Werk anzuerkennen, die Verwirrung zu verlassen, die in den verschiedenem Parteien der Christenheit herrscht, Apostel aufzunehmen und das Siegel des lebendigen Gottes zu empfangen auf ihre Hand, wodurch sie teilhaftig werden des Heiligen Geistes und fortschreiten zur Vollkommenheit. Diese sollen, wenn der Herr herabsteigt vom Himmel mit einem Feldgeschrei, Seine Heerscharen zu sammeln, mit Ihm stehen auf den Berge Zion als Erstlinge für Gott und das Lamm.

Die Versiegelung in den ersten Tagen der Kirche war eine Wirklichkeit, eine Gabe und Salbung des Heiligen Geistes, dargereicht durch eine äußere Tat, durch Handauflegung der Apostel, doch nicht allein eine solche wirkliche Tat, wodurch gegenwärtig Gnade mitgeteilt wurde, sondern es war zugleich ein Mittel zu einem Ende, Unterpfand und Bürgschaft von etwas, was noch offenbart werden soll.

2. Korinther 1, 21 heißt es : „Der uns befestigt hat samt euch in Christo und uns gesalbet hat, ist Gott, der uns auch versiegelt hat und gegeben das Pfand des Geistes in unsere Herzen". Weiter heißt es 2. Korinther 5, 4: „Denn wir, die wir in dieser Hütte sind, seufzen und sind beschwert, nicht dass wir wollten entkleidet, sondern überkleidet werden, auf dass dies Sterbliche verschlungen werde von dem Leben, der uns aber dazu bereitet hat, ist Gott, der uns auch das Pfand des Geistes gegeben hat."

An die Epheser schreibt Paulus 1, 14: „In welchen (Christo) ihr auch, da ihr glaubtet, versiegelt worden seid mit dem Heiligen Geist der Verheißung, der da ist das Unterpfand unseres Erbes, zur Erlösung des Eigentums." Die im 7. Kapitel der Offenbarung erwähnte Versiegelung haben wir anzusehen als eine sichtbarlich geschehene wirkliche Tat durch Handauflegung der Apostel, und wir erkennen in der Versiegelung das Unterpfand davon, dass wir nicht alle sterben sondern verwandelt werden; sie ist für uns, die wir versiegelt worden sind, ein Grund zu erwarten, dass wir nicht entkleidet sondern überkleidet werden.

Apostel werden wahrhaftig der ganzen Kirche gegeben, und die Mitteilung des Heiligen Geistes durch apostolische Handauflegung ist etwas, das alle Getauften zu erwarten und zu empfangen berechtigt sind - Apostelgeschichte 2,38; 8,17; 19,6.- Es ist die Ergänzung der Taufe, das Vorrecht aller Getauften und ihre Zubereitung dafür, überkleidet zu werden mit ihrer Behausung, die vom Himmel ist.

Das erste, was die Apostel nach ihrer Aussonderung taten, war die Erlassung eines Zeugnisses an alle Getauften über ihre Sendung an die ganze Kirche, eine Einladung zu kommen und die Versiegelung durch ihre Hände zu empfangen. Die Botschaft wurde durch die Körperschaft der Getauften im Allgemeinen verschmäht, die von der Wiederherstellung von Aposteln nichts hören wollten. Die wenigen, denen Gott Gnade gab, ihre Botschaft anzunehmen und sich zu unterwerfen, sind in diesem Geschlecht die Erstlingsfrüchte, nicht so, dass andere in vergangenen Zeiten dadurch ausgeschlossen würden, sondern so, dass sie mit jenen die Zahl der Erstlinge voll machen.

Betrachten wir die Feste, wie sie angeordnet wurden durch Moses, der da treu war in seinem ganzen Hause zum Zeugnis der Dinge, die geredet werden sollten, so finden wir das Fest der ersten Früchte (3.Mose 23, 10 - 14), vorausgehend dem Fest der Ernte oder Pfingsten.

Bei dieser Gelegenheit, wo die Garbe der ersten Früchte dargebracht wird, wurden die ersten reifen Ähren gesammelt und künstlich gedörrt und vor dem Herrn gewebt. Nach 50 Tagen kam die Ernte oder das Fest der Pfingsten, wo die 2 Webebrote von feinem Weizenmehl dargebracht wurden. Von diesem letzteren Fest spricht Petrus, dass es seine geistige Erfüllung finde, wenn die Weissagung Joels wird, und der Herr ausgießen wird Seinen Geist auf alles Fleisch, ehe denn komme der große und schreckliche Tag des Herrn, also zur Zeit der Ernte.

Es ist ganz richtig: Christus ist die Erstlingsfrucht, und die ganze Kirche, vollendet in Ihm, ist die Ernte; aber die vorbildliche Darbringung der Erstlingsgarbe vor der Ernte ist nicht erschöpft dadurch, dass Gott Christus von den Toten erweckt hat, sondern wird noch weiter ausgeführt werden, wenn die Garbe der Erstlinge, die, welche vorbereitet worden sind durch die Wirksamkeit des 4-fachen Amtes und versiegelt worden sind durch Handauflegung der Apostel, hinweggenommen werden. Die Sammlung dieser Garbe von ersten Früchten ist ein Vorbild dessen, was jetzt stattfindet, indem die Ähren gesammelt werden, und das Weben der Garbe vor dem Herrn bildet vor unsere Hinwegnahme, wenn die Toten auferweckt, und wir verwandelt werden, wofür die Versiegelung und Gabe des Heiligen Geistes uns als Vorbereitung dient.

Das Testimonium spricht S .74-76 in der schon angeführten Stelle von diesem Geheimnis: „Aber wer wird den Tag Seiner Zukunft erleiden? Nur ein heiliges Volk kann vor Ihm bestehen, das da wandelt als Kinder des Lichtes und Kinder des Tages; nur ein mit dem Heiligen Geist erfülltes Volk, die Knechte Gottes, die Er an ihren Stirnen versiegelt, ehe die 4 Winde der Erde, die Elemente der Zerstörung, losgelassen werden über die Erde und das Meer. Und jene Ausspendung des Heiligen Geistes kann nicht geschehen, das Siegel kann nicht aufgedrückt, die Kirche kann nicht vollendet werden außer durch jene Ordnungen, welche Gott am Anfang zu diesem Ende gegeben hat. Aber sie sollen gegeben werden. Apostel, Propheten, Evangelisten und Hirten sollen das Wort Gottes in Seiner Kirche ausrichten. Und die Nachfolger des Lammes, die unbefleckten, in deren

Munde kein Falsches sein wird, werden mit dem Lamme auf dem Berge Zion stehen als die offenbar gewordenen Erstlinge für Gott und das Lamm, das Unterpfand jener herrlichen Ernte, wenn des Menschen Sohn Seine Engel senden wird und Seine Auserwählten sammeln von den 4 Winden, von einem Ende des Himmels bis zum andern. Und dies euer Beruf, O ihr Getauften, denn Gott hat euch nicht verstoßen, und dies ist eure Hoffnung. Die einzige Hoffnung ist die, welche immer die Hoffnung der Kirche gewesen, nämlich entrückt zu werden dem Herrn, entgegen in die Luft und also bei Ihm zu sein allezeit, gerettet von der Stunde der Versuchung in der großen Trübsal, welche über die Erde kommt. Aber werdet ihr hören? Gott weiß es: ohne Zweifel, viele werden hören, und alle können hören, und jeder, der da hören wird, soll gewisslich versiegelt und vor der Zerstörung bewahrt werden im Gezelte Gottes zur bösen Zeit."

Diese Worte wurden niedergeschrieben und an die christlichen Herrschaften in Kirche und Staat gerichtet im Jahre 1836, und sie enthalten im Keime alles das Licht, das seither gegeben worden ist; sie deuten hin auf die Erstlinge, die jetzt zubereitet werden durch die Versiegelung der Apostel und durch die Wirksamkeit des 4-fachen Amtes, auf die Hinwegnahme derer, welche Apostel aufnahmen, auf ihre Entrückung dem Herrn entgegen in die Luft und auf ihr Stehen mit dem Lamme auf dem Berge Zion; auf die Stunde der Versuchung, welche kommen wird über alle, welche die Versiegelung verschmähen und die Mittel und Ordnungen verwerfen, wodurch allein sie vollendet werden können. Von den Versiegelten, die entrückt werden, ist geredet worden als von den offenbar gewordenen Erstlingsfrüchten für Gott und das Lamm, und Unterpfand jener herrlichen Ernte. Und während gezeigt wird, dass diese Wegraffung vor dem Gericht die Hoffnung aller Christen ist, ist doch zugleich die Befürchtung ausgedrückt, dass die große Menge der Getauften die angebotene Gnade Gottes verschmähen wird und durch die große Trübsal wird gehen müssen. Der Unterschied zwischen den Erstlingen und der Ernte, den Herr G. (Geyer; Anm. d. Verf.) verneint, ist deutlich angezeigt, und die Stelle 1. Thessalonicher 4 ist auf denselben Gegenstand gedeutet wie Offenbarung 14, eine Hinwegnahme und Rettung, die geschehen soll, ehe die Ernte eingebracht wird, was Herr G. (Geyer; Anm. d. Verf.) ebenfalls in Abrede stellt.

Wir haben seit der Zeit mehr Licht empfangen, besonders über die Ordnung, in welcher die mit den Hall der letzten Posaune verbundenen Begebenheiten und die Offenbarung 19 und 20 beschriebenen Dinge eintreten sollen, indessen die wesentliche Wahrheit betreffend die Erstlinge und die gegenwärtige Arbeit der Apostel an denselben und die Hoffnung, welche die eine Hoffnung der Kirche ist und an den Erstlingen verwirklicht wird, ist in obiger Stelle klar verkündigt worden.

Auch ist zu beachten, dass das Ertönen einer jeden der 7 Posaunen - Offenbarung 8 - Kap. 11 - nicht etwas ist, das nur einen Augenblick dauert, und insbesondere, dass die Reihe von Ereignissen, die während der 7ten Posaune eintreten, Offenbarung 11 15-19, einen beträchtlichen Zeitraum erfordert. Die Zeit der 7. Posaune scheint alles das einzuschließen, was Offb.19, 11 - 20, 6 beschrieben wird. Die Worte Offb.10, 7: „in den Tagen der Stimme des 7ten Engels, wenn er anfangen wird zu posaunen, soll das Geheimnis Gottes vollendet werden, wie Er es verkündigt hat Seinen Knechten, den Propheten", zeigen ebenfalls, dass die Begebenheiten der 7. Posaune eine bedeutende Zeit erfordern.

Es ist unmöglich, innerhalb beschränkten Raumes alle Schriftstellern durchzugehen, die auf die Hinwegnahme der Erstlinge deuten. Von Anfang an war das Licht der Weissagung hierüber ganz klar, dass eine gewisse, fest bestimmte Zahl hinweggenommen werden wird, ehe die große Körperschaft der christlichen Kirche, die zur Zeit des Endes am Leben sein wird, in das Königreich eingeht.

Offenbarung 7 und 14 sind klar genug. Elias, der zum Himmel fuhr in feurigem Wagen, während Elisa mit einem zweifachen Maße des Geistes zurückblieb, um die Dinge auszurichten, die den Elias aufgetragen waren (vergl. 1.Kön. 19, 14-18 mit 2.Kön. 8, 12-16; 9, 1-10) ist unzählige Male gedeutet worden auf die Hinwegnahme der Erstlinge <u>vor</u> Ausbruch der Gerichte, in deren Mitte die Zurückgebliebenen ihr Zeugnis ablegen werden.

Wenn wir mit Umgehung der prophetischen Schriften des Alten Testamentes zu den Evangelien kommen, finden wir in den Reden und Gleichnissen unseres Herrn stete Hinweisung auf eine kleine Herde oder Schar, die es das Wohlgefallen des Vaters ist, das Reich zu geben, die zum Hochzeitsmahle eingehen, während die Vielen, beschwert mit den Sorgen und Anliegen dieser Welt, es versäumen, mit einzugehen.

Der Herr sendete die 12 zu den verlorenen Schafen des Hauses Israel, Matth. 9, 5, später sandte Er andere 70 aus, ebenfalls 2 und 2, vor Seinem Angesichte her, in alle Städte und Dörfer, wo Er hinkommen wollte, indem Er sprach: „Die Ernte ist groß, aber der Arbeiter sind wenige" - Luk.10, 1.

Der Unterschied zwischen der Sendung der 12 und der umfassenderen Sendung der 70 ist ebenfalls oft im Lichte der Weissagung gedeutet worden auf die Arbeit der Apostel in der Einsammlung der Erstlinge und auf die weitere Arbeit, die unter 70 Erzengeln ausgeführt werden soll, durch welche die Ernte eingebracht wird.

Das Gleichnis von den klugen und törichten Jungfrauen, Matth. 25, zeigt: Zur Zeit, wo der Ruf ausgeht: „Siehe der Bräutigam kommt, geht aus, Ihm entgegen!" werden kluge Jungfrauen sein, die Öl in ihren Gefäßen haben und bereit sind, mit dem Bräutigam zum Hochzeitsmahle einzugehen, während die törichten Jungfrauen, die sich nicht mit Öl versehen haben und nicht bereit sind, ausgeschlossen werden; und wenn sie rufen werden: „Tue uns auf!", wird der Herr antworten: „Ich kenne euch nicht!" So wird die Lage und das Schicksal derer sein, welche bereit und derer, welche nicht bereit sind, wenn der Herr kommt. Deshalb ist Lukas 13, 25 ausgesprochen: „Es sprach einer zu dem Herrn: sind es wenige, die selig werden?" und Er antwortete: „Ringet danach, dass ihr eingehet durch die enge Pforte, denn viele, das sage ich euch, werden danach trachten, dass sie hineinkommen und werden es nicht vermögen. Wenn aber der Hausherr aufgestanden ist und die Türe verschlossen hat, dann werdet ihr anfangen zu sagen: „Herr, tue uns auf!" und er wird sagen: „ich kenne euch nicht, wo ihr her seid!" Dann werden sie anfangen zu sagen: „Haben wir nicht gegessen und getrunken vor dir, und du hast uns gelehrt auf den Gassen", aber er wird sagen: „Ich kenne euch nicht, wo ihr her seid, weichet von mir, ihr Übeltäter!" Diese Stelle beschreibt, in Übereinstimmung mit dem obigen Gleichnis, das ängstliche Verlangen der Vielen, noch einzugehen, wenn es zu spät ist, wenn der Hausherr aufgestanden ist und die Türe verschlossen hat. Sie machen geltend, dass sie in der Gemeinschaft der Kirche stehen, aber Seine Antwort ist: „Ich kenne euch nicht, ihr Übeltäter!" Sie haben nicht geachtet auf die Mahnung: „es trete ab von der Ungerechtigkeit, wer den Namen Christi nennet." Es ist unmöglich zu verkennen, dass sich diese Stellen auf den Zustand der Kirche in der letzten Zeit beziehen, wenn der Herr vom Himmel herabkommt, nicht um 1000 Jahre auf der Erde zu regieren, sondern um aufzuraffen, wegzunehmen und zu versetzen die, welche bereitet sind, die Erstlinge, die vollkommen Gemachten. Sie werden die Wenigen sein, während die Vielen, die große Schar, durch die große Trübsal gehen müssen.

Der Brief an die Gemeinde zu Philadelphia, vor der eine offene Tür gegeben ist, Offb.3, 10.11, enthält die Verheißung, dass sie soll bewahrt bleiben vor der Stunde der Versuchung, welche kommen wird über dem ganzen Weltkreis, zu versuchen, die auf Erden wohnen, diese Worte deuten auf die Hinwegrückung derer, welche auf das Wort: „Siehe ich komme bald!" geachtet haben, vor der großen Trübsal.

Im 12. Kapitel der Offenbarung erscheint das Weib, die Kirche; sie hat große Qual zur Geburt, und sie gebiert ein Knäblein, das alle Heiden weiden soll mit einer eisernen Rute, und ihr Kind wird entrückt zu Gott und Seinen Stuhl. Das Weib selbst entflieht in die Wüste, während der Krieg im Himmel dauert, der damit endet, dass Satan und seine Engel aus dem Himmel gestoßen werden. Ein zweites Mal flieht das Weib in die Wüste vor der Verfolgung des Drachen, als dieser auf die Erde geworfen worden ist und hingeht, Krieg zu führen mit den übrigen ihres Samens, welche halten die Gebote Gottes und haben das Zeugnis Jesu.

Diese übrigen sind die auf der Erde Zurückgebliebenen. Die Entrückung des Knäbleins zu Gott und Seinem Thron ist alle Zeit so verstanden worden, dass damit bedeutet sei die Rettung einer kleinen Anzahl aus der sichtbaren Kirche vor der Verfolgung unter dem Tier, dem „Antichrist", und den Königen der Erde, welche die christliche, welche die christliche Kirche ihrer großem Mehrzahl nach wird durchmachen müssen.

Obiges ist nur ein kleiner Teil der Schriftstellen, aus denen deutlich hervorgeht, dass das gegenwärtige Werk nicht die Sammlung der ganzen Kirche zu seinem Zwecke hat, die Zubereitung der Ernte, sondern die Sammlung und Zubereitung der Erstlinge, der kleinen Schar, der klugen Jungfrauen, damit sie, wenn sie vollendet sind, weggerafft werden wie Elias, entrückt zu Gott und Seinem Thron wie das Knäblein; befreit von der Stunde der Versuchung gemäß der Verheißung für Philadelphia; damit sie stehen mit dem Lamme auf dem Berge Zion als Erstlinge für Gott und das Lamm; damit sie ausziehen auf weißen Rossen unter den Heeren des Himmels - Offenbarung 19 - wenn der, dessen Name ist Gottes Wort, auszieht auf weißem Rosse, zu überwältigen das Tier und den falschen Propheten, den Satan zu binden, Leben zu geben denen, welche zur Zeit der Macht des Tieres getötet wurden, Besitz zu nehmen von Seinem Reich und zu regieren mit Seinen heiligen auf Erden 1000 Jahre, welches ist die erste Auferstehung.

Die Zeit erlaubt mir nicht, mehr ins Einzelne zu gehen. Ich werde mich darauf beschränken, einige Sätze aufzustellen, die durch das Licht der Weissagung gesichert scheinen.

Zuerst: es sind nur 2 Auferstehungen, von denen in der Offenbarung die Rede ist: die erste Auferstehung und die allgemeine. Die erste Auferstehung wird nach Offenbarung 20 vollendet sein, wenn jene, die um des Wortes Gottes und des Zeugnisses Jesu willen getötet worden sind und sich geweigert haben, das Tier anzubeten, erlöst werden und leben und regieren mit Christo 1000 Jahre. Alle Heiligen Gottes werden teilhaben an dieser Auferstehung; sie sind „selig und heilig". Die ganze Kirche, die Braut des Lammes, wird teil daran haben, und diese erste Auferstehung wird nicht vollendet sein, bis diejenigen, die um ihres Zeugnisses willen während des Reiches des Antichristen getötet wurden, aufleben und regieren mit Christo auf Erden.

Während in der Offenbarung 20 von der ersten Auferstehung, als mit dem 1000-jährigen Reiche gleichbedeutend, die Rede ist, und die ganze Kirche teilhaftig werden soll dieser Auferstehung, ist es doch ganz unvereinbar mit den deutlichen Worten der Heiligen Schrift zu behaupten, dass alle Heiligen Gottes das Reich des Antichrists durchmachen, die Verfolgung von seiten des Tieres und des falschen Propheten erleiden und dem Zorn des Drachen ausgesetzt sein müssen, wenn er aus dem Himmel geworfen ist und hingeht, nun Krieg zu führen mit den Übrigen vom Samen des Weibes.

Aus den oben angeführten Schriftstellen und aus reichlichem Licht der Weissagung ist klar: dass ein Werk ausgeführt werden soll an einer bestimmten Anzahl von Heiligen, die in den letzten Tagen leben, welches in der heiligen Schrift beschrieben wird mit den Ausdrücken: Hinwegnehmen, Entrückung dem Herrn entgegen, Verwandlung, bewahrt werden vor der Stunde der Versuchung, gewürdigt werden zu entfliehen dem allen, was auf Erden kommen soll, und zu stehen vor des Menschen Sohn, Eingang zum Hochzeitsmahle des Lammes, stehen mit dem Lamm auf dem Berge Zion, und dass die, welche in der Hoffnung auf diese Verwandlung gestorben sind, auch teil daran haben werden, indem sie auferweckt werden von den Toten zu derselben Zeit, wo die Lebenden verwandelt werden.

Es ist ferner nicht zu bezweifeln, dass die verwandelten Lebenden und auferweckten Toten, die zu dieser Zahl gehören, in dem gleichen Zustand sein werden, welcher Art dieser Zustand auch sein mag; dass alle, die zu diesem Zustand gelangen, nicht mehr der Versuchung oder der Gefahr des Abfalls oder des Todes ausgesetzt sein werden, dass sie sich nicht mehr in gleichem Zustande wie die Zurückgebliebenen befinden, nicht mehr auf die Erde beschränkt sind.

Es ist schwer zu fassen, dass alles dies eintreten könne, ohne dass eine Veränderung an den Leibern derer vorgegangen wäre, von denen es heißt: sie sind entrückt zu dem Thron Gottes. Was diese Veränderung sein mag, wird erst erkannt werden, wenn es erfüllt ist. Es ist uns in Vorbild gezeigt von Henoch und Elias, wir haben ein Beispiel an dem Erscheinen unseres Herrn bei Seinen Jüngern in den 10 Tagen nach Seiner Auferstehung, da Er ihnen Auftrag gab und sie segnete vor Seinem endlichen Aufsteigen in die Herrlichkeit.

Überdies fehlt es nicht an manchem Wort der Weissagung, welche dahin lauten, dass diese Verwandelten und Entrückten vom Herrn gebraucht werden sollen zur Hilfe, Tröstung und Leitung der Zurückgelassenen während der gefahrvollen Zeiten, die auf die Wegnahme der Erstlinge folgen. Die Kunde von ihrer geschehenen Hinwegnahme (so ist ebenfalls gesagt worden), wird die Zurückgebliebenen anfeuern und ermutigen, und das Zeugnis wird sich nicht allein auf die dann angefochtenen Wahrheiten beziehen, sondern auch auf die Wahrheit und Wirklichkeit dessen, was die Erstlinge vor ihrer Wegnahme gearbeitet und bezeugt haben.

Es ist mir nicht bekannt, dass es je durch Wort der Weissagung erklärt worden, oder aus der Schrift zu entnehmen sei, dass diese Erstlinge, nachdem sie hinweggenommen worden, den Zurückgebliebenen im verklärten Leibern erscheinen werden.

Ich wüsste nicht, was ich noch hinzuzufügen brauchte. Diese Dinge sind in den Gemeinden wohl bekannt, und ich hätte es nicht für nötig gehalten, ein Wort darüber zu sagen, hätte nicht der Prophet G. (Geyer; Anm. d. Verf.) neulich erklärt, dass keine Verwandlung oder Entrückung der Erstlinge sein werde; die Schrift sage nur so viel, dass nach der Enthüllung des Menschen der Sünde*) die ganze Kirche in einem Augenblick verwandelt werde, und dass wir deshalb das Kommen des Herrn zu unserer Hinwegnahme so bald noch nicht zu erwarten hätten.

*) Die Stelle 2. Thess. 2 sagt nicht, dass die Offenbarung des Antichrists vor der Zukunft Christi und der Versammlung der Heiligen zu Ihm geschehen wird, sondern VOR DEM TAGE DES HERRN. Dieser TAG DES HERRN ist ohne Zweifel die Zeit, wovon Offenbarung 20 die Rede ist, wenn alle Seine Heiligen auferweckt sein werden und leben und regieren mit Ihm 1000 Jahre. Diese 1000 Jahre sind DER TAG DES HERRN.

Das Licht, das die Apostel den Gemeinden mitgeteilt haben, ist nicht ihr eigenes, sondern Licht der Weissagung, und wird dieses verworfen, so müssen wir alle Weissagung zumal verwerfen. Aber wir haben die vollste Versicherung in uns selbst, dass dieses Licht das wahrhaftige Licht des Heiligen Geistes ist, und unser Zeugnis an die, welche den verworrenen Zustand der Kirchen verlassen, sich den Aposteln unterworfen haben, um die Versiegelung durch ihre Hände zu empfangen, und unter das 4-fache Amt gestellt worden sind, ist dieses: dass sie versiegelt worden sind, nicht um in den Tod hinabzusteigen, sondern um entrückt zu werden bei der Erscheinung des Herrn vom Himmel, und um den Gerichten, die über die Christenheit kommen, zu entgehen.

Wir sagen nicht: es gibt viele Auferstehungen. Wir sagen: es ist Eine Auferstehung der Seligen und Heiligen, die vollendet werden wird, wenn das Tier und der falsche Prophet in den feurigen Pfuhl geworfen sind, und wenn die um des Zeugnisses Jesu und des Wortes Gottes willen Enthaupteten aufleben und das 1000-jährige Reich Christi und Seiner Kirche beginnt: und es ist eine allgemeine Auferstehung aller Menschen, der Gerechten und der Ungerechten, wenn die 1000 Jahre vollendet sind.

Doch zu gleicher Zeit weigern wir uns nicht, und dürfen wir uns nicht weigern, jedem Teil und jedem Worte der Heiligen Schrift seinen Wert und sein Gewicht zu geben. Und wir sagen, dass vor dem 1000-jährigen Reiche Christi und Seiner Heiligen, ehe diese „ERSTE AUFERSTEHUNG" zustande gebracht ist, werden Prüfungen, Trübsale und Verfolgungen und eine Stunde der Versuchung für die Kirche sein, wie noch keine gewesen sind von Anfang der Welt, und diesem werden die Erstlinge, die durch den Dienst der Apostel Zubereiteten, entfliehen. Wir sagen ferner: dass, ehe diese Trübsale beginnen, nicht nur die Lebenden, die unter den Aposteln gesammelt worden und bereit sind, verwandelt und entrückt werden sollen, sondern auch die entschlafenen Gläubigen sollen auferweckt werden, und wir sollen entrückt werden zugleich mit ihnen in den Wolken, dem Herrn zu begegnen, in die Luft, und werden also bei dem Herrn sein allezeit.

Die unter uns vorgekommenen Todesfälle machen uns nicht irre, denn wir schöpfen Trost aus diesen Worten: „Wir, die wir leben und übrigbleiben, werden nicht zuvorkommen den Entschlafenen, denn die Toten in Christo werden auferstehen zuerst; danach wir, die wir leben und übrigbleiben, werden zugleich mit ihnen hingerückt werden dem Herrn entgegen." - Diese Todesfälle rücken unsere Hoffnung nicht in die Ferne, sie bringen sie uns näher. Das Einzige, was Ursache werden kann, dass wir unsere Hoffnung verlieren, ist, wenn wir uns selbst nicht rein und heilig bewahren, wenn wir sagen: „Mein Herr kommt noch lange nicht!", wenn wir Ihm, der das gute Werk in uns angefangen hat, nicht gestatten, es zu vollführen bis auf den Tag Jesu Christi.

Nachdem Paulus die Thessalonicher (1.Thess. 5) mit vielen Worten ermahnt hat, zu wandeln als Kinder des Lichtes und des Tages, schließt er: „Er aber, der Gott des Friedens, heilige euch durch und durch, und euer Geist ganz samt Seele und Leib müsse behalten werden unsträflich auf die Zukunft unseres Herrn Jesu Christi; getreu ist der, der euch rufet, welcher wird es auch tun." Lasst diese Ermahnung eurem Geiste immer gegenwärtig sein, damit ihr ohne Makel bewahrt werdet bis auf jenen Tag.

In obigen Bemerkungen ist wenig Beziehung genommen auf das Werk und Zeugnis derer, die nach der Hinwegnahme der Erstlinge zurückbleiben, die Offenbarung 11 beschrieben sind als die 2 Zeugen, angetan mit Säcken, die nach Ablegung ihres Zeugnisses getötet werden durch das Tier aus dem Abgrund, und nach 3 Tagen und einem halben wieder lebendig werden und zum Himmel aufsteigen in einer Wolke; auch nicht auf das weitere Zeugnis, das nach der Tötung der 2 Zeugen noch abgelegt werden soll durch solche, die umgebracht werden, weil sie das Tier nicht anbeten wollen , noch sein Malzeichen annehmen an ihre Stirn und an ihre Hand. Auch diese werden leben und regieren mit Christo.

Mit diesem späteren Zeugnis haben wir jetzt nichts zu tun: Unsere Pflicht ist, dass wir vorwärts eilen, damit wir vollendet werden als die Versiegelten, dass wir unseren Wandel im Himmel haben und warten auf das Kommen des Herrn, der unseren nichtigen Leib umgestalten wird, dass er ähnlich werde dem Leibe Seiner Herrlichkeit nach der Wirkung, damit Er kann auch alle Dinge Ihm untertänig machen.

Zum Schluss gebe ich einen Auszug aus den Bemerkungen über die Worte der Weissagung zum Buch der Offenbarung, die von den Aposteln für England den Dienern an den Gemeinden in London und England mitgeteilt worden sind, zur vollständigeren Erläuterung des Gegenstandes.

Über ein Wort zu Offenbarung 12 sagt er: dieses Wort lehrt uns offenbar, dass die Entrückung des Knäbleins zu Gott und Seinen Thron verwirklicht werden soll durch die Hinwegnahme der Erstlinge. Denn unmittelbar danach entflieht das Weib in die Wüste, und von dieser Flucht heißt es, sie entspreche den 2 Zeugen, deren Weissagung sicherlich auf die Hinwegnahme der Erstlinge folgt. Es ist ein Zeugnis, welches auf das, womit wir zu tun haben, folgen soll. Es geht aus dem Text hervor, dass die Flucht des Weibes - Vers 14 - eine 2te Flucht ist. In dem Wort der Weissagung ist diese 2-fache Flucht deutlich unterschieden. Wir lernen ferner, dass diese 2-fache Flucht in Verbindung steht mit 2 verschiedenen Zeugnissen, die abgelegt werden sollen, nachdem die Erstlinge zu dem Herrn gesammelt sind. Das erste gehört der Schar von Zeugen, die durch die 2 Propheten bedeutet sind, das 2te der großen Menge, die mitten in der großen Trübsal ihr Zeugnis ablegen sollen.

Über ein Wort zu Offenbarung 14 bemerkt er: Es ist das Verlangen des Herrn, die Toten aufzuwecken, die Lebenden zu verwandeln und alle, die der Vater Ihm geben wird, zu Seinem Schoße zu sammeln. Die Erfüllung hiervon ist uns in der Offenbarung unter verschiedenen Bildern dargestellt: die Ernte der Erde, das Hochzeitsmahl des Lammes, das neue Jerusalem. Der erste Schritt zu diesem Ende wird sein, dass Er die Erstlinge zu sich nimmt, die zuerst gereiften Früchte der zukünftigen Ernte. Er wird sie zu Seinem Thron nehmen und zu Seiner Hütte auf den Berge Zion, zu der Festung und zu dem Palast des großen Königs.

Es ist den Aposteln nicht geoffenbart worden, welcher Art der Zustand der zuerst Hinweggenommenen sein wird, auf welche Weise sie gegen Tod, Versuchung und Abfall geschützt sein werden.

Über ein anderes Wort zu demselben Kapitel: Die Sammlung der Erstlinge auf dem Berge Zion wird für die Zurückbleibenden das Unterpfand und die Zusicherung sein ihrer eigenen schließlichen

Errettung, sie wird ihnen zur Stütze und zum Trost inmitten der großen Trübsal dienen.

Über ein anderes Wort: dieses Wort deutet gleich dem vorigen daraufhin, dass die als Erstlingsfrüchte vor dem Herrn Dargestellten Mitarbeiter mit Christus bei den folgenden Ereignissen sein werden, bis die Vollzahl der Auserwählten gesammelt ist. Sie werden in den Händen des Herrn Ausspender Seiner Gnade für die Zurückbleibenden sein und ihnen helfen bei den verschiedenen durch sie abzulegenden Zeugnissen.

Über ein anderes Wort: Wir haben in diesem Wort einen neuen Beweis von den genauen Zusammenhang des gegenwärtigen Werkes, welches die Versiegelung der vorherbestimmten Zahl und die Absonderung der Erstlinge umfasst, mit dem zukünftigen Werk der Rettung jener großen Menge, die aus der großen Trübsal kommen wird. Wir finden darin bestätigt, was wir früher gesehen haben, nämlich dass die Erstlinge auf eine Weise, die Gott bekannt, aber uns noch nicht deutlich geoffenbart ist, mit der Arbeit beschäftigt sein werden, vor den himmlischen Thron die Heere der Erstgeborenem zu bringen, d.h., derer, die an der ersten Auferstehung teilhaben werden.

Über ein anderes Wort: So wird das Zeugnis Gott durch die Lippen Seiner Knechte vollendet werden, das erste durch die, welche versiegelt und gesalbt worden sind mit dem Heiligen Geist. Diese werden zuerst jene Veränderung erfahren, welche symbolisch bezeichnet ist als das Sein mit dem Lamme auf dem Berge Zion, erkauft sein von den Menschen als Erstlinge für Gott und das Lamm. Über die Natur dieser Veränderung will ich nicht wiederholen, was schon gesagt worden ist. Welcher Art sie auch sein mag, es geht aus diesem Wort hervor und steht in Einklang mit den Grundsätzen Gottes in Seinen Walten unter den Menschen, dass sie, nachdem sie zuerst hinweggenommen worden, um bei dem Lamm zu sein, auf immer einen Vorrang in der Gegenwart des großen Königs behalten werden über jene, die erst später angenommen und vor dem Thron dargestellt werden.

Folgende Bemerkung über das Amt des Propheten dient dazu, den Fallstrick aufzudecken, in welchen der Prophet G. (Geyer; Anm. d. Verf.) geraten ist, und die traurigen Folgen zu erklären.

Der Dienst der Propheten in übernatürlicher Aussprache in der christlichen Kirche ist wesentlich ein Dienst, um den Regierern in Wort,

Lehre, Zucht und Herrschaft Licht zu gewähren. Es kann keinen größeren Fallstrick für einen Propheten geben als diesen, Wenn er sich einbildet, er sei genugsam, mit seinem Verstande den Gegenstand, worüber seine Worte Licht geben, zu begreifen und zu bemeistern, oder wer wusste durch unmittelbare Offenbarung und ohne Dazwischenkunft des Urteils der geistlichen Regierer genau, was nun geglaubt oder in Ausführung gebracht werden soll. Während er sich bewusst sein sollte der Erleuchtung des Heiligen Geistes in seinem Geiste und in seinem herzen versichert, dass die Worte, die er ausspricht, vom Heiligen Geist eingegeben sind, ist es seine Bewahrung, sich zu erinnern, dass seine Worte in das Ohr anderer geredet sind, denen er als Ordnung zur Mitteilung des Lichtes gegeben ist, und deren Amt es ist, schließlich zu entscheiden. Er soll sich erinnern, dass seine Worte, nachdem sie geredet sind, nicht ihm gehören. Sie sind das Eigentum und der Schatz Christi, welchen Christus den Aposteln anvertraut. hält der Prophet diese Wahrheit nicht fest, so werden seine Worte nicht bloß Gestalt und Färbung von seinem eigenen Geiste annehmen, sondern wahrscheinlich auch ihren Inhalt von den Gedanken seines eigenen Herzens hernehmen und nicht mehr rein sein.

»Herr Geyer und die letzten Nummern seiner Morgenröthe« (aus PM 1863)

Herr Geyer hat die letzten Nummern seiner Morgenröthe dazu benutzt, sein Lehrsystem darzulegen und sich den Schein zu geben, als wäre er ein Märtyrer der Wahrheit geworden.

Durch die ausführlichen Belehrungen des Apostels über die bestrittenen Fragen ist wohl ein jeder von uns befähigt worden, die Geyer'schen Irrthümer nachweisen zu können, und es möchte überflüssig sein, dieses hier ausführlich thun zu wollen, aber während wir auf diese Belehrungen hinweisen, als die biblische Wahrheit enthaltend in den Stücken, die Herr Geyer jetzt verleugnet, möchten wir einige Bemerkungen zur Charakteristik dieses Mannes und seiner Partei, wie sie sich in diesen letzten Aufsätzen der Morgenröthe zeigen, machen.

Zunächst bemerken wir, daß, wer ohne die Vorgänge zu kennen, die zu der jetzigen Stellung des Herrn Geyer führten, diese Aufsätze liest, den Eindruck leicht bekömmt, als ob es sich zwischen Herrn Geyer und seinen kirchlichen Vorgesetzten nur um einen Lehrstreit handelte, und zwar um einen Streit über Lehrpunkte, die nicht einmal zu den Hauptpunkten christlicher Lehre gehören. Alle Thatsachen, wodurch die Vorgänge mit Herrn Geyer und seinen jetzigen Anhängern ihre eigentliche Bedeutung und Wichtigkeit gewinnen, verschweigt Herr Geyer gänzlich; ja, am Schluß seiner Abhandlung wagt er es geradezu zu sagen, daß der einzige Grund seiner durch die Apostel geschehenen Suspension und Excommunication die von ihm vertretenen Lehrpunkte seien.

Die Anklage gegen Herrn Geyer, wie sie in dem an ihn gerichteten Schreiben des apostolischen Pastors vom 26. Januar enthalten ist, lautet also:

»Nachdem Sie durch den Engel der Gemeinde zu Berlin im Amte stillgestellt oder suspendirt, auch von der heiligen Communion ausgeschlossen waren wegen Widerstrebens gegen seine Autorität und wegen Weigerung, aus seinem Munde die Lehre der Apostel anzunehmen, so haben Sie sich nach Hamburg begeben, sind daselbst in der Kirche mit Ihren kirchlichen Gewändern erschienen und haben unter Mitwirkung des Herrn Friedrich Schwarz, eines ordinirten Engels, der zur Zeit unter dem Engel der Gemeinde zu Berlin als Priester über die Gemeinde in Hamburg Aufsicht führte, gewisse amtliche Handlungen vollbracht und angebliche Worte der Weissagung ausgesprochen, auch sonst sich herausgenommen, als Priester in derselben Gemeinde zu wirken, dies alles zum Trotz der von dem Engel über Sie ausgesprochenen Suspension, mit Uebertretung Ihrer Gelübde kirchlichen Gehorsams, und mit Verachtung der Autorität, welche dem genannten Engel durch die Apostel über Sie übertragen ist.«

In Folge dieses Schreibens erschien Herr Geyer in der Sacristei der Kirche zu Berlin vor dem Apostel, um sich zu verantworten, und als er gefragt wurde, ob er zugäbe, daß diese Klagen richtig seien, antwortete er nicht nur: ja, sondern fügte hinzu, daß er dieses Geständniß mit tiefem Schmerze ablegen müßte.

Einige Tage vorher, als er von Hamburg zurückkehrte, und der Engel, Herr Rothe, mit ihm sprach, gab er nicht nur zu, daß er die Suspension verdient, sondern, wie er sich selbst ausdrückte, dreimal verdient hätte.

Und jetzt will dieser selbe Mann alle seine Leser glauben machen, daß seine Suspension und Excommunication nur wegen Lehr-Unterschiede geschehen und eine That der größten Ungerechtigkeit sei.

Die Lehrfragen selbst gewinnen erst durch die Thatsachen, die Herr Geyer verschweigt, ihre Bedeutung. Ob der Herr, außer den zwölf Aposteln, die Er in unseren Tagen seiner Kirche gegeben, noch andere Apostel geben will oder nicht, ist an und für sich eine ganz eitle und unnütze, wenn nicht eine vermessene Frage. Warum, wenn wir im Besitz der Gabe Gottes sind und alle Segnungen dieser Gabe genießen, fragen, ob Gott, wenn diese Gabe aufhören sollte, eine zweite geben wird? Ist das Glaube, ist das Ehrfurcht, Demuth, Dankbarkeit und Gottvertrauen, oder ist es nicht vielmehr das Gegentheil? Jedenfalls ist eine solche Frage eine völlig unpraktische und würde wenig Interesse erregen. Kommen aber Thatsachen hinzu, wie die in den letzten Monaten geschehenen, dann allerdings gewinnt die Frage an Interesse, oder vielmehr sie wird eine ganz andere. Die eigentliche Frage zwischen Herrn Geyer und seinen Vorgesetzten ist die, ob der Priester in Königsberg, oder der andere in Hamburg, die Herr Geyer für Apostel ausgiebt, ob sie wahre oder falsche Apostel sind? Ob es überhaupt möglich ist, daß Gott einen Mann, der sich heimlich auf seiner Stube von einem Propheten zum Apostelamt berufen läßt und nachher in einer anderen Gemeinde, die sich gegen ihren Engel empört und seine Autorität verworfen hat, von einem suspendirten Propheten bestätigen läßt – oder wie es bei dem Herrn Preuß der Fall ist, ob es möglich und denkbar ist, daß Gott einen Mann, der wegen der gröbsten Verletzung und Verleugnung seiner feierlichen priesterlichen Gelübde vom Apostel des Herrn suspendirt und excommunicirt worden – ob es möglich ist, daß Gott solche Leute zu Aposteln macht? Das ist die Frage, worum es sich handelt. Dieses Alles berührt Herr Geyer in seinen Aufsätzen gar nicht, sondern sagt nur ganz kurz am Schlusse »durch Thaten Gottes« hätten sie jetzt in Hamburg dieselben Aemter und Ordnungen, die Gott schon durch sein Werk in unseren Tagen seiner Kirche gegeben, die aber freilich Herr Geyer und die Hamburger verworfen haben!

Herr Geyer hat wohl ein Gefühl, daß, was er Thaten Gottes nennt, und woraus die neuen Apostel hervorgegangen sein sollen, im Widerspruche steht mit allen Regeln der Sittlichkeit und Wahrhaftigkeit, und deshalb möchte er seine Leser verleiten, es in diesen Stücken nicht zu genau zu nehmen, indem er sie auf Jacob's Betrügerei und andere Beispiele aus dem Alten Testament hinweist, die, wie er meint – für ihn und seine Sache sprechen. Er schreibt: »Darum (weil Gottes Wege vor den Augen der Menschen nach Herrn Geyer manchmal sogar scheinbar unrecht erscheinen) mußte Jacob vor seinem Bruder Esau als ein Betrüger gelten; Samuel, der hinter Sauls's Rücken den David zum Thronfolger salbte, mußte scheinbar als ein Hinterlistiger und Treuloser erscheinen, während er doch Gottes Auftrag erfüllte; David sogar galt in Saul's Augen als ein Rebell. Herr Geyer vergißt, daß Gott nicht Jacob's Betrügerei anordnete oder billigte, daß Samuel nicht wie Herr Geyer und alle Propheten des Neuen Testaments Apostel über sich hatten, und daß David sich eben nicht empörte, sondern, obgleich Inhaber eines göttlichen Auftrages, Saul in seiner Stelle ehrte, bis Gott selbst ihn richtete.

So sollte auch eigentlich die andere Frage, ob und wie viel vom Antichristenthum vor der Hinwegnahme der Gläubigen offenbar werden soll, für die, welche auf die Zukunft des Herrn hoffen und warten, wenig Interesse haben. Aber wenn man, wie Herr Geyer und seine Anhänger, seit langer Zeit im Herzen dem Werke Gottes entfremdet gewesen und die Apostel des Herrn gering geschätzt, wenn man schon lange den eigentlichen Glauben an Gottes Hülfe für seine Kirche verloren hat und so die Hoffnung auf eine Errettung aus der jetzigen Noth eingebüßt, so muß man auf Theorien kommen, die darauf hinauslaufen, daß die Zukunft Christi nicht nahe ist, und daß der Kirche noch auf dieser Erde eine lange Geschichte bevorsteht, ähnlich wie in den vergangenen Zeiten, nur mit dem Unterschied, daß, während früher Päpste auf Päpste und eine Generation von Geistlichen auf die andere folgte, so sollen jetzt Apostel auf Apostel folgen, bis endlich die Kirche nach wer weiß wie langer Zeit als ein Anstalt auf dieser Erde die Vollkommenheit erreicht. Worauf man die Hoffnung gründet, daß die Christenheit, die jetzt Gottes Gaben verwirft und auf deren Bekehrung der Herr und seine Boten schon dreißig Jahre vergeblich gewartet, daß diese Christenheit geneigter werden sollte, späterhin Apostel anzunehmen und sich auf das Kommen des Herrn bereiten zu lassen, ist schwer zu sagen.

Herr Geyer und seine Anhänger haben die Hoffnung auf die Zukunft des Herrn und unsere Versammlung zu Ihm verloren, und sie haben die Hoffnung verloren, weil sie nicht in der Gemeinschaft der Apostel geblieben. Statt einer lebendigen Hoffnung haben sie jetzt nichts als eine todte Theorie, eine leere Abstraction. Sie sagen, die Kirche, das Amt hat die Hoffnung, aber die Menschen, welche die Kirche bilden und Gottes Diener sind, dürfen sie nicht haben, und da sie nun nicht leugnen können, daß die ersten Apostel und Christen wirklich diese Hoffnung hatten, so scheut sich Herr Geyer nicht, sie als Schwärmer, als solche zu bezeichnen, denen der Rathschluß Gottes mit der Kirche verhüllt war, die nur Bruchstücke davon erkannten, während man jetzt das Vollkommene hat, die nicht vermochten, die Personen von den Aemtern zu trennen, und die daher in ihrer Hoffnung getäuscht wurden! Er schreibt: »Es ist aus dem ganzen Verfahren der Christen, sowohl des ersten Jahrhunderts als auch der späteren Zeiten, klar, daß ihnen noch der Rathschluß Gottes mit der Kirche verhüllt war; wenigstens erkannten sich auch damals nur Bruchstücke davon; wie Paulus schreibt: Unser Wissen ist Stückwerk und unser Weissagen ist Stückwerk. Wenn aber kommen wird das Vollkommene, so wird das Stückwerk aufhören. Um deßwillen vermochten sie nicht die Personen von den Aemtern der Kirche zu unterscheiden ... Was thaten nun aber die Christen und die Diener Gottes, welche keinen Begriff davon hatten, daß noch mehr als 18 Jahrhunderte folgen würden, und der Kirche eine so große Ausdehnung zu geben, oder die göttliche Geduld und Langmuth zu offenbaren? Sie bezogen diese Verheißungen nicht auf die Kirche im Ganzen, sondern auf ihre eigene Person, so daß sie und selbst ein Apostel Paulus eine Zeit lang in der Hoffnung stehen mochten, sie würden nicht sterben, sondern es noch persönlich erleben, daß Christus wiederkäme ... Diese Hoffnung der Kirche wird und muß einmal erfüllt werden, denn sie gründet sich auf göttliche Verheißung, aber es verräth eine schwärmerische Auffassung derselben, wenn Menschen, und wären es Apostel oder Propheten, es unternehmen, solche Hoffnungen auf ihre eigene menschliche Person zu beziehen ... Weil die Apostel sowohl als die Christen nur dachten, diese jetzt lebenden Menschen, diese Apostel sollen die Kirche der Vollendung entgegenführen und die Zukunft Christi erleben, so war es ganz natürlich, daß mit dem Aussterben derselben auch die Hoffnung allmälig dahinschwinden musste.«

Man sieht, daß, weil der arme Herr Geyer und seine Anhänger ihre Hoffnung verloren, so müssen sie als Ankläger gegen die ersten Apostel und Christen auftreten und sich die Miene geben, als verständen sie besser als Paulus und die Apostel den Rathschluß Gottes mit der Kirche und wie es sich eigentlich mit der Hoffnung der Christen verhält. Herr Geyer liefert den Beweis, daß man nicht die jetzigen Apostel geringschätzen kann, ohne sich zugleich über die ersten zu erheben.

Einen wichtigen Beitrag zur Erläuterung der so traurigen Geschichte der Herren Geyer und seiner Genossen liefert die neue Lehre, die Herr Geyer aufstellt von der, wie er behauptet, gleichberechtigten Stellung der Apostel und Propheten in der Kirche Christi. Im Widerspruche mit der Lehre des Apostels, daß Gott in der Gemeinde gesetzt hat zuerst Apostel (1 Cr. 12, 28), und im Widerspruch mit dem Zeugnisse des ganzen neuen Testaments, daß die Apostel über den Propheten und allen übrigen Aemtern in der Kirche standen, lehrt Herr Geyer, daß Apostel und Propheten coordinirt und gleichberechtigt sind, daß der eine so viel zu sagen hat als der andere und keiner dem andern unterthan sein soll. Wie dann überhaupt ein Regiment in der Kirche möglich sein soll, ist in der That schwer zu erklären. Herr Geyer sagt: »Uebergab Gott diesen beiden Aemtern der Kirche die Offenbarung seiner Rathschlüsse, und werden beide zugleich als die zwiefache Grundlage der Kirche bezeichnet, weil ein einzelnes Zeugniß nicht ausreichend ist, so geht daraus hervor, daß beide Aemter auch als unabhängig eins vom andern unmittelbar vor Gott standen und ihre Offenbarungen als ein zwiefaches Zeugniß von Ihm empfingen durch den heiligen Geist, und daß jede Beeinflussung des andern hierbei unstatthaft sein müßte, weil dadurch sofort der zwiefache Charakter zerstört und aufgehoben worden wäre.« So daß also nach Herrn Geyer die Apostel unbedingt Alles anzunehmen haben, was die Propheten reden, keine Prüfung ihrer Worte, keine Unterscheidung ihrer Gabe ausüben dürfen. Bei solchen Gedanken kann man sich nicht wundern, wenn Herr Geyer jedes Urtheil seines Engels über seine Worte der Weissagung verwarf, und sich für berechtigt hielt, seine Gabe wo und wann er wollte und in völliger Unabhängigkeit auszuüben, wie z. B. als er in Königsberg hinter dem Rücken und ohne Wissen des Apostels auf der Stube des Herrn R(osochacki; Anm. d. Verf.). diesen Mann zu Apostel rief, oder als er, obgleich von seinem Engel suspendirt, sich erlaubte, in Hamburg in geistlicher Kraft zu reden.

Herr Geyer möchte sich den Anschein geben, als hätte er allein die heilige Schrift an seiner Seite, und als würde dieselbe von den Aposteln und allen anderen Dienern des HErrn, auch von allen Propheten außer Herrn Geyer, verläugnet. Wir haben schon gesehen, wie er mit der Schrift umgeht, wie er die Stelle 1 Cor. 13, 9. 10 deutet, wie er Personen und Ereignisse des alten Testaments anwendet. So macht er es auch mit der Stelle 2 Thess. 2, 2. 3, wo er geradezu falsch citirt, indem er sagt: Hier heißt es geradezu: die Zukunft unseres HErrn Jesu Christi und unsere Versammlung zu Ihm kommt nicht, es sei denn, daß zuvor der Abfall komme u.s.w., während es eben nicht so heißt, sondern daß der Tag des HErrn (die 1000 Jahre) nicht kommt. Ebenso unehrlich und vermessen ist der Versuch des Herrn Geyer, seine Apostel mit Paulus zu vergleichen und in dieselbe Kategorie zu bringen. Paulus, der von sich selber erzählt (Gal. 1. u. 2.), daß er 14 Jahre lang eine von den anderen Aposteln ganz unabhängige und selbstständige apostolische Wirksamkeit hatte, wobei er neue Gemeinden sammelte und erbaute und Gott ihm auf diese Weise den andern Aposteln gegenüber das Zeugniß gab, daß er ein Apostel des HErrn sei, er wird verglichen mit einem untreuen und einem suspendirten Priester, die ihre angebliche apostolische Thätigkeit damit anfangen, daß sie in einer Gemeinde, die von Aposteln erbaut war und unter Aposteln stand, sich apostolische Funktionen anmaßen, indem sie mit der Liturgie der wahren Apostel in der Hand nur das nachzuäffen suchen, was sie diese Männer haben thun sehen!!

Es sollte und nicht wundern, daß jetzt, wo der HErr die ursprünglichen Ordnungen seiner Kirche wiederhergestellt, der Teufel den Versuch macht, Gottes Werke nachzuäffen, und die Gemeinden durch falsche Apostel und Propheten zu verführen. So that es der Feind im anfange, und es gelang ihm damals so wohl, daß selbst eine Gemeinde wie die zu Corinth verleitet wurde, solche falsche Apostel dem Apostel Paulus vorzuziehen (vgl. 2 Cor. 11). Der Engel der Gemeinde zu Ephesus wird gelobt (Offenb. 2, 2), weil er diejenigen geprüft hatte, die sich für Apostel ausgaben und als Lügner erfunden wurden. Merkwürdig ist es, daß gerade die Gemeinde in unseren Tagen, die ihren Engel verworfen hatte und auf seine Stimme nicht hören wollte, die Hamburger nämlich, die ist, welche eine Beute der falschen Apostel geworden. Möchten sich alle Gemeinden sich dieses zur Warnung dienen lassen und mehr als je den Schutz anerkennen und theuer achten lernen, den ihnen Gott durch seine Engel gewährt. Herr Geyer hat die Frechheit, in seinem Blatte zu sagen, daß »die apostolische Gemeinde in Hamburg sammt ihrem Bischof, Priester und Diakonen, wie ein Mann für ihn aufstand«, während er doch weiß, daß dieses nicht wahr ist, daß der Engel oder Bischof dieser Gemeinde Herr Rothe war, und daß er, welcher ihn aufnahm, eben nicht der Bischof, sondern der als Aeltester oder Priester unter Herrn Rothe dienende Fr. Schwarz war.

Kurzbiographien

Albrecht, Ludwig (1861-1931), Pastor der hannoverschen ev.-luth. Landeskirche mit Pfarramt in Scharnebeck bei Lüneburg, Erzengel der Allgemeinen Kirche, beherrschte zehn Sprachen.

Böhm, Charles John Thomas (1812-1880), Sohn eines Dänen und einer Engländerin, Korrespondent des Bankhauses Hambro in London, am 17.7.1859 Berufung zum Koadjutor des Apostels durch den Propheten Edward Oliver Taplin.

Caird, William Renny (1802-1894), Kaufmann, am 2.8.1865 Berufung zum Koadjutor des Apostels.

Detloff, Diakon in Hamburg.

Döhring, Carl (gest. 1900), Engel der Gemeinde Bublitz.

Freischmidt, Eduard

Freischmidt, Ferdinand

Geyer, Heinrich (1818-1896), Volksschullehrer in Niedersachsen, geweihter Engel, Prophet in der Gemeinde Berlin, Gehilfe des apostolischen Propheten J. Smit, ruft am 30.5.1860 während der Prophetenkonferenz Ch. J. T. Böhm und W. R. Caird zu Aposteln als Nachrücker für die durch Tod frei gewordenen Apostelstellen, welche jedoch von den Aposteln verworfen werden, ruft am 10.10.1862 R. Rosochacki heimlich in Privaträumen zum Apostel und stellt ihn zusammen mit Fr. W. Schwarz am 4.1.1863 der kath.-apost. Gemeinde Hamburg vor, wird aufgrund dieser Vorkommnisse und seines Widerspruchs gegen die Apostolische Lehre am 17.12.1862 von Engel C. Rothe suspendiert und am 27.1.1863 von Apostel Fr. V. Woodhouse schließlich endgültig suspendiert und exkommuniziert.

Güldner, Johann Friedrich Ludwig (1837-1904), Besitzer einer Kohlenhandlung, ab 1878 Apostel der »Allgemeinen Apostolischen Mission«.

Hohl, Johann Christoph Leonhard (1822-1887), Schlosser, Diakon der katholisch-apostolischen Gemeinde in Hamburg, wurde im Februar 1863 von Apostel Woodhouse suspendiert und am 30. Oktober 1864 von Heinrich Geyer zum Apostel (Süddeutschland) für die »Allgemeine christlich apostolische Mission« (AcAM) berufen.

Klees, Johann Heinrich, Schuhmacher, Diakon der katholisch-apostolischen Gemeinde in Hamburg, wurde im Februar 1863 von Apostel Woodhouse suspendiert.

Köster, Unterdiakon in Hamburg.

Lhotzky, Franz, Unterdiakon der katholisch-apostolischen Gemeinde in Hamburg, 1868 Priester und Vorsteher in Potsdam, er folgte 1863 bei der Spaltung der Hamburger Gemeinde Geyer nicht.

Neumann, Diakon der Gemeinde Hamburg.

Preuß, Carl Wilhelm Louis (1827-1878), Tischler, Priester in Hamburg, erkennt den von Geyer am 10.10.1862 heimlich in Privaträumen berufenen R. Rosochacki als Apostel an und wird deswegen von Apostel Fr. V. Woodhouse suspendiert und exkommuniziert.

Roßteuscher, Dr. Ernst August (1822-1892), Pfarrer und Privatdozent in Marburg, Archidiakon in Norddeutschland und ab 1871 Engel der Gemeinde in Leipzig.

Rosochacki, Rudolf (1818-1884), Bauunternehmer, Priester und Gehilfe des Engels der Gemeinde in Königsberg, am 10.10.1862 von H. Geyer heimlich in Privaträumen zum Apostel gerufen und am 4.1.1863 von H. Geyer und Fr. W. Schwarz der Hamburger kath.-apost. Gemeinde vorgestellt, erklärt am 17.1.1863 seine Rufung als Apostel für ungöttlich und unterstellt sich wieder Apostel Fr. V. Woodhouse.

Rothe, Carl (1812-1876), Pastor in Trebbin, ab 1849 Engel der Gemeinde in Berlin.

Rührmund, W., Priester-Evangelist in Berlin und Vorsteher der Gemeinde Liegnitz, er wurde 1863 von Rothe nach Hamburg gesandt.

Schwarz, Eduard (ca. 1813-1893), Engel der Gemeinde Königsberg, Hirte mit dem Apostel in Russland und Archidiakon in Russland, Bruder von Friedrich Wilhelm Schwarz.

Schwarz, Friedrich Wilhelm (1815-1895), Schneidermeister, geweihter Engel, Ältester und Vorsteher in Hamburg, erkennt R. Rosochacki als Apostel an und stellt ihn am 4.1.1863 der kath.-apost. Gemeinde Hamburg vor und wird deswegen am 11.1.1863 von Apostel Fr. V. Woodhouse suspendiert und exkommuniziert.

Stechmann, Peter Wilhelm Louis (1837-unbekannt), Makler, Diakon der katholisch-apostolischen Gemeinde in Hamburg, wurde im Februar

1863 von Apostel Woodhouse suspendiert und am 30. Oktober 1864 von Heinrich Geyer zum Apostel (Ungarn) für die »Allgemeine christlich apostolische Mission« (AcaM) berufen. Über seinen Verbleib liegen keine weiteren Nachrichten vor.

Thiersch, Dr. Heinrich Wilhelm Josias (1817-1885), Professor der Philologie und Theologie in Marburg, Hirte mit dem Apostel.

Woodhouse, Francis Valentine (1805-1901), Jurist, Apostel.

Liste sogenannter »Apostolischer Gemeinden«

Die Liste erhebt keinen Anspruch auf Vollständigkeit und soll zur Darstellung der Spaltungsgeschichte der sogenannten Apostolischen Gemeinden dienen. Teilweise sind die Gemeinschaften bereits erloschen.

Allgemeine christliche apostolische Mission (AcaM),

Alt-Apostolische Gemeinde (AAM)

Apostelamt Jesu Christi (AJC)

Apostelamt Johannes

Apostelamt Juda (AJ)

Apostolic Church of Queensland

Apostolic Church of South Africa

Apostolisch Genootschap (ApGen)

Apostolische Gemeinde des Saarlands (AGdS)

Apostolische Gemeinde Wiesbaden (AG Wiesbaden)

Apostolische Gemeinschaft (AG)

Apostolischer Gemeindebund (AGB)

Christen unserer Zeit

Christ-Gemeinde International (CGI)

Christlich-apostolische Gemeinde

Echt-Apostolische Gemeinde

Gemeente van Apostolische Christenen

Gossliwil-Apostel

Hersteld Apostolische Zendingkerk (HAZK)

Hersteld Apostolische Zendingkerk II (HAZK II)

Hersteld Apostolische Zending Kerk – stam Juda (HAZK stam Juda)

Hersteld Evangelische Apostolische Gemeente (HEAG)

Igreja Evangelica Apostolica

Katholiek Apostolische Kerk

Katholisch Apostolische Kirche – Gemeinde Gottes

Neue-apostolische Christengemeinde

Neuapostolische Kirche (NAK)

Old Apostolic Church (Alt-Apostolische Kirche)

Reformiert-Apostolischer Gemeindebund (RAG)

Reformiert-Apostolische Gemeinde

Twelve Apostles Church of Africa (TACO)

Twelve Apostles Church in Christ (TACC)

Union des Chrétiens Apostoliques

Vereinigung Apostolischer Christen Schweiz (VAC)

Vereinigung Apostolischer Gemeinden – Stamm Levi (VAGL)

Vereinigung Apostolischer Gemeinden e.V. (AP Ebert)

Quellen- und Literaturverzeichnis

Albrecht, Ludwig: Abhandlungen über die Kirche, besonders ihre Ämter und Gottesdienste, 1. Auflage 1896 und 2. Auflage 1898, neu herausgegeben vom Schweizerischen Diakonieverein, Rüschlikon/ZH, Oekumenischer Verlag Dr. R. F. Edel, Marburg an der Lahn, 1982.

Böhm, Charles: Schatten und Licht in dem gegenwärtigen Zustand der Kirche, 9 Abhandlungen für unsere Tage, 1855, neu herausgegeben von Thomas und Matthias Schrader, Oculi Verlag, 2000.

Born, Karl: Das Werk des Herrn unter Aposteln, wie es sich im 19./20. Jahrhundert in den katholisch-apostolischen Gemeinden vollzogen hat. Seine Entstehung, sein Fortgang und sein Abschluß, Darstellung in Form einer Zeittafel, Bremen 1974, Selbstverlag des Verfassers.

Davenport, Rowland A.: Albury Apostel, 1. Auflage 1970 und 2. Auflage 1975, aus dem Englischen von Rosemarie Thiel, herausgegeben von Thomas Schrader, Oculi Verlag, 2004.

Diersmann, Edwin: An ihren Früchten sollt ihr sie erkennen, Das Erbe von Friedrich Wilhelm Schwarz: 100 Jahre niederländische apostolische Gemeinschaften, ein geschichtlicher Überblick, Beiträge zur Geschichte, Lehr und Leben der apostolischen Gemeinschaften Nummer 22007., RE Di Roma-Verlag 2007

Meldau, Volker: Die Wende aller Zeiten, Eine Auslegung der Offenbarung des Johannes aus katholisch-apostolischer Sicht, Tectum Verlag Marburg 1998.

Obst, Helmut: Apostel und Propheten der Neuzeit, Gründer christlicher Religionsgemeinschaften des 19. und 20.Jahrhunderts, 4., stark erw. und aktualisierte Aufl., Vandenhoeck und Ruprecht in Göttingen, 2000.

Salus: Alte und neue Wege oder Streifzüge durch die geistig kirchlichen Fürstentümer und Gewalten der Vergangenheit und Gegenwart, Zweite Auflage, Leipzig, Neuapostolischer Verlag, 1913.

Sammlung kirchlicher Cirkulare pastoralen Inhalts, als Manuscript gedruckt, Zweite, vermehrte Ausgabe, Druck von C. Schultze, Basel 1876.

Sitwell, Francis: Licht zur Abendzeit, über den Ratschluss Gottes in Schöpfung und Erlösung und seine allmähliche Entfaltung in und durch die Kirche, englische Originalausgabe 1860, deutsche Erstausgabe 1866 herausgegeben von F. Diestel und E. Geering, neu herausgegeben von Thomas Schrader, Oculi Verlag, 1998.

Schröter, Johannes Albrecht: Bilder zur Geschichte der Katholisch-apostolischen Gemeinden, Glaux Verlag Christine Jäger KG, Jena 2001

Schröter, Johannes Albrecht: Die Katholisch-apostolischen Gemeinden in Deutschland und der Fall Geyer, Zweite, leicht verbesserte Auflage, Tectum Verlag Marburg 1998.

Thiersch, H. W. J.: Inbegriff der christlichen Lehre, 1. Auflage 1885, neu herausgegeben vom Oekumenischen Verlag Dr. R. F. Edel, Marburg, 1980.

Weber, Albrecht: Die katholisch-apostolischen Gemeinden, Ein Beitrag zur Erforschung ihrer charismatischen Erfahrung und Theologie, Inauguraldissertation, 1977.

Weinmann, Karl (Hrsg. Verwaltung der Neuapostolischen Kirche in Hamburg): 100 Jahre Neuapostolische Kirche 1863-1963 Apostelbezirk Hamburg, Verlag Friedrich Bischoff, Frankfurt am Main 1963.

Woodhouse, Francis Valentine: Eine Belehrung über die Fortdauer des Apostolats, Februar 1863, Manuskript-Fotokopie Oekumenischer Verlag Dr. R.-F. Edel, Lüdenscheid-Lobetal.

Woodhouse, Francis Valentine: Eine Erzählung von Begebenheiten welche die gegenwärtige Lage und die Aussichten der gesamten Kirche Christi betreffen, durchgesehene Ausgabe nach der Übersetzung des sel. Dr. Roßteuscher vom Jahre 1886, als Manuskript gedruckt, In Kommission bei I. Hoffmann, Berlin 1901.